10/15

D1594114

CÓMO SER **Parisina** ESTÉS DONDE ESTÉS

CÓMO
SER
Parisina
ESTÉS DONDE
ESTÉS

Amor, estilo y malas costumbres

ANNE BEREST

AUDREY DIWAN

CAROLINE DE MAIGRET

SOPHIE MAS

Traducción de Ana Herrera

Rocaeditorial

Título original: *How to be parisian wherever you are*

© Anne Berest, Audrey Diwan, Caroline de Maigret y Sophie Mas, 2014

Primera edición: mayo de 2015
Segunda edición: junio de 2015

© de la traducción: Ana Herrera
© de esta edición: Roca Editorial de Libros, S. L.
Av. Marquès de l'Argentera 17, pral.
08003 Barcelona
info@rocaeditorial.com
www.rocaeditorial.com

Impreso por EGEDSA
Roís de Corella 12-16, nave 1
Sabadell (Barcelona)

ISBN: 978-84-9918-937-6
Depósito legal: B. 9.519-2015
Código IBIC: WJ

RE89376

Una historia debería tener un principio, un desarrollo y un final, pero no necesariamente en ese orden.

—JEAN-LUC GODARD

SUMARIO

2. Asume tus malas costumbres

3. Cultiva tu *allure*

4. Atrévete a amar

5. Algunos consejos parisinos

CÓMO

SER

Parisina

ESTÉS DONDE

ESTÉS

INTRODUCCIÓN

No, las parisinas no poseen el gen de la delgadez, no es siempre fácil convivir con ellas y no, no son madres perfectas.

De hecho son imperfectas, desordenadas, imprecisas y llenas de contradicciones. Pero también son divertidas, atentas, curiosas y han heredado un cierto arte de vivir a la francesa.

Al extranjero se le plantean siempre algunas preguntas. ¿En qué consiste esa displicencia, esa forma de ser chic sin tener que hacer el menor esfuerzo? ¿Cómo se cultiva ese estilo singular de despeinado? ¿Cómo se hace para inspirar a los hombres tantas fantasías, imponiéndoles al mismo tiempo la igualdad de sexos?

Somos cuatro amigas de hace mucho tiempo, que pasamos de los pupitres del colegio a nuestra vida de mujeres adultas de la mano. Cuatro chicas que viven en París, cuatro mujeres de vidas y caracteres muy distintos, pero unidas por ese gusto francés de convertir la vida en una novela.

I

LOS GRANDES PRINCIPIOS

AFORISMOS

Recítalos cada día en la cama, incluso si estás borracha:

No tengas miedo a envejecer. No tengas miedo a nada que no sea el miedo. ✳ **Encuentra «tu» perfume antes de los treinta años. Llévalo los treinta años siguientes.** ✳ Nadie debe ver el color de tus encías cuando hablas o ríes. ✳ **Elige algo que le guste a todo el mundo: la ópera, los gatitos, las fresas... y ódialo.** ✳ Si tu guardarropa no puede contener más que un jersey, que sea de cachemir. ✳ **Lleva ropa interior negra debajo de la camisa blanca. Como dos notas en una partitura musical.** ✳ Hay que vivir con el sexo opuesto, y no contra él. Salvo cuando haces el amor. ✳ **Sé infiel. Engaña a tu perfume. Pero solamente cuando haga frío.** ✳ La cultura es como comer productos frescos: da buen color. ✳ **Sé consciente de tus cualidades. Sé consciente de tus defectos. Cultívalos en secreto, pero no te obsesiones.** ✳ Que no se note el esfuerzo. Todo debe parecer fácil y ligero . . . ✳ **Demasiado maquillaje, demasiados colores, demasiados accesorios. Respira. Aligera. Reduce.** ✳ Que tu silueta tenga siempre un detalle descuidado, porque el diablo está en los detalles. ✳ **Tú eres tu propia heroína. De entrada.** ✳ Córtate el pelo tú misma. O pídele a tu hermana que te lo corte. Conoces a grandes peluqueros, claro, pero son solo amigos. ✳ **Debes estar siempre deseable. El domingo por la mañana en la panadería, comprando cigarrillos en mitad de la noche o esperando a los niños delante del colegio. Quién sabe....** ✳ Nada de canas. O todo canas. ✳ **La moda domina el mundo. Las parisinas dominan la moda. ¿Es cierto? Qué importa. El mundo necesita leyendas.**

La parisina vista por un parisino

«¿A quién pedir la definición perfecta de la parisina?» Es una pregunta que me hice muchas veces antes de tener la siguiente iluminación: a él, evidentemente. A ese hombre que tengo enfrente, en la cocina. Al hombre con el que comparto mi vida.

Sorprendido por mi pregunta, balbucea algunas frases.

Le miro, exasperada.

¿No tiene ideas más originales que esos tópicos tan vistos ya sobre nuestro increíble aspecto y nuestro perfume numerado?

«Ah, ¿hablas en serio? ¿Quieres que te lo diga de verdad?», me ha dicho antes de apoyarse en el fregadero... y entonces ha empezado a enumerar. Sin parar. Como si recitara una oración aprendida de memoria que pudiera pronunciar con los ojos cerrados.

En primer lugar, ha dicho, la parisina no está contenta nunca. La prueba: te digo que eres la más guapa del mundo... y nunca es suficiente.

La parisina piensa que es un modelo a seguir. Está dispuesta a inundar el planeta con sus consejos vitales en blogs o en libros. Por lo demás, adora que se le pida consejo. Es normal. Ella ya lo ha hecho todo. Lo ha visto todo. Lo ha entendido todo.

Por ejemplo, la parisina siempre te pondrá por las nubes a su médico; es un genio. Su dentista... ningún otro está a la altura de su habilidad. Su ginecólogo... sí, es el mismo que el de Catherine Deneuve. La parisina, no contenta con ser esnob, es tan esnob que no tiene ningún empacho en proclamarlo a bombo y platillo. ¿Por qué no? La parisina es arrogante.

Lo que más le interesa es el arte, la cultura, la política. Se cultiva igual que cultiva los rábanos en su balcón, con amor. Con la regadera en la mano, te explica que la última película que ganó la Palma de Oro es un churro. Evidentemente, no la ha visto. Qué importa. La parisina no tiene necesidad de profundizar en un tema, porque ya sabe lo que debe pensar... justo lo contrario de lo que piensas tú, claro.

La parisina siempre llega tarde. Tiene cosas importantes que hacer, no como tú. No llega nunca maquillada a una cita amorosa; evidentemente, su naturaleza excepcional la dispensa de los artificios. Por el contrario, es capaz de ponerse pintalabios antes de ir a comprar el pan: ¿y si se encuentra con alguien a quien conoce?

Es paranoica, hasta llegar a la megalomanía. Si sus esfuerzos por encontrar mil temas de descontento los utilizara para resolver ecuaciones, recibiría el Premio Nobel de matemáticas todos los años.

Desconfía si te dice que tu nuevo amigo es «muy original». Para ella, la palabra «original» es un defecto.

¿Cruza la calle fuera del paso de peatones? Lo justifica por un desafío a la autoridad. La gente que hace cola la agobia.

No siempre da las gracias, no siempre da los buenos días, pero detesta la falta de educación de los camareros parisinos.

Es una mal hablada, capaz de jurar como un carretero. Pero le horroriza la gente que dice: «¡buen provecho!» El mal gusto es peor que un conflicto diplomático.

No se quita jamás las gafas de sol, hasta los días que llueve, pero desprecia a las famosas que quieren pasar inadvertidas detrás de sus cristales ahumados....

En una palabra, si tuviera que resumir cómo es la parisina (y puedo aseguraros que la conozco bien), diría: la parisina está loca.

LO QUE NO ENCONTRARÉIS NUNCA EN EL ARMARIO DE UNA PARISINA

* Tacón medio. ¿Por qué vivir a medias?

* Logos. No es un cartel publicitario.

* Nailon, sintético, viscosa, vinilo. Con esos materiales se suda y se brilla a la vez. Así que no solamente hueles mal, sino que además se te ve.

* Ropa deportiva. Ningún hombre debe verla con esa ropa. Salvo el profe de deportes. Y gracias.

* Los vaqueros demasiado sofisticados, con agujeros o con bordados. Como ropa, es fantástica... en Bollywood.

* Las botas Ugg. Porque no.

* Los tops demasiado cortos. Porque ya no tiene quince años.

* El bolso de marca falso. Porque es como las tetas falsas: el complejo no se resuelve mediante la imitación.

En realidad, si la parisina pudiera vivir desnuda y con una gabardina Burberry, estaría en el paraíso.

Las parisinas más famosas son extranjeras

Sí... la parisina, a veces, viene de otros lugares.
No ha nacido en París, pero allí es donde renace.
Las pruebas, a continuación.

MARÍA ANTONIETA

María Antonieta era austríaca. Cuando llegó a Francia para casarse con Luis XVI no tenía más que 14 años,

y se convirtió en reina cuatro años después. Imagen viva de la frivolidad, inició la obsesión por la moda. Se enamoró de otro hombre que no era su marido... soñaba con ser actriz de teatro, o granjera cuidando sus ovejitas. Se inventó su propia vida.

JOSÉPHINE BAKER

Joséphine Baker, nacida en Saint Louis, Missouri, Estados Unidos, no solo adoptó la nacionalidad francesa, sino también el alma y el corazón del país. Durante la Segunda Guerra Mundial se enroló en la Resistencia. Fue una de las mayores estrellas parisinas gracias a sus revistas y cabarets en el Folies Bergères, por los cuales se desvivía el «todo París». Usando igual de bien las caderas que su gran inteligencia, tuvo un éxito fenomenal cantando *J'ai deux amours... mon pays et Paris*.

ROMY SCHNEIDER

La actriz de *Sissi emperatriz* descubrió en París la despreocupación, el anticonformismo y las noches sin dormir. Los franceses se enamoraron de inmediato

de esa vienesa, de quien admiraron su encanto, su gentileza y su fragilidad. Se convirtió en ejemplo de feminidad para todas las parisinas.

JANE BIRKIN

Jane Birkin, la cantante y actriz inglesa, se convirtió en la más parisina de las parisinas. Cantó la inolvidable *Je t'aime, moi non plus* en 1969 con Serge Gainsbourg, y actuó en numerosas películas, entre ellas *Blow up* y *Don Juan*, con Brigitte Bardot. Su acento inglés derretía a todos los franceses, y forma parte del patrimonio del país desde entonces.

Sus hijas perpetúan la tradición y no dejan de ofrecer lecciones de estilo permanente: los vaqueros gastados, la gabardina, las zapatillas de baloncesto...

13:00
Primera cita en el Café de Flore

Ella sostiene el menú. Siempre piensa lo mismo: no se trata de la carta de un restaurante, sino de un mapa. Una especie de recorrido íntimo, caótico, complicado, atravesando la selva de sus neuras alimenticias. Y sin embargo, sabe que necesitará encontrar su camino, sin tropezar, sin dejar de sonreír y, sobre todo, sin que parezca que se hace demasiadas preguntas.

Salmón ahumado

No. Mala elección. Se comerá todos los blinis y la crema que los acompaña; el salmón es solo un pretexto. Su gula podría acabar por ensancharle las caderas, será mejor que vigile un poco.

El hombre que tiene sentado enfrente, ¿se da cuenta de lo difícil que es ser mujer en esta ciudad? Probablemente no. Y no tiene ganas de juzgarlo demasiado precipitadamente. Sigue paseándose por la columna de los entrantes, en terreno conquistado.

Judías verdes frescas en ensalada

El problema de la primera cita es el sentido especial que adoptará el menor de sus gestos. Él la contempla como se filma una película: grabando sus movimientos para siempre; ella perdiendo el teléfono en el interior de su enorme bolso, ella perdiéndose entera dentro del bolso para buscarlo, y el mensaje que no puede evitar escuchar delante de él. La está analizando. Desordenada, un poco nerviosa, compulsivamente sociable. Quizá note lo mucho que le cuesta elegir su plato. Pero a ella no le apetece que él adivine de inmediato la batalla que está librando en silencio. Quizá más tarde él descubra que se pesa todas las mañanas; por el momento, debe pensar que su silueta es un simple regalo de la naturaleza. Valdría más, por tanto, tomar un plato de verdad, ofrecerle la imagen tópica de que le gusta la buena mesa, dando a entender que ocurre lo mismo con todos los placeres de la vida.

Confit de pato caliente

Su dedo, ligeramente nervioso, baja unas líneas más por aquella maldita carta. No encuentra una salida honorable, qué vergüenza. Aquí, en la terraza, los minutos van pasando, los viandantes la rozan, el camarero se acerca a ella, y sabe que habrá que decidir enseguida. Entonces decide afrontar el peligro y pedir un plato sorprendente.

«*Un* Welsh Rarebit.»

Es una aventurera, y lo proclama orgullosamente. Establece una diferencia clara entre ella y las demás chicas. Pone su audacia sobre la mesa y en evidencia, como un trofeo. Pronuncia ese nombre con la soltura de quien lo ha hecho cien veces.

Espera que el camarero no la riña por el acento, traicionando así su pequeña representación teatral. El hombre que tiene enfrente le lanza una mirada sorprendida. Saborea el efecto. Ella, claro, no sabe lo que acaba de pedir. En la carta, en letra pequeña, han escrito: «especialidad a base de cheddar, cerveza y tostada». Sonríe mentalmente: inimaginable. Pero no le importa, hablará tanto que él no se dará cuenta de que no se ha comido su plato. El camarero se vuelve hacia el hombre.

Lo mismo para mí, por favor.

Y de repente toda la historia se viene abajo. ¡Oh, no, un sumiso, un seguidor, qué aburrimiento! Ella abre los ojos de repente y se da cuenta de que la conversación que él mantiene desde hace media hora está repleta de banalidades. Ahora ya lo sabe: comerá dos bocados, encontrará un motivo para irse antes de la hora. Y no volverá a verlo nunca. Adiós.

HUMOR
PARISINO

No hay nada más difícil que definir el humor. Nada más
incómodo tampoco. Cada humor tiene su particularidad,
su color y su cultura.

El humor parisino, si se quieren dibujar sus perfiles, sería
a la vez frío y sarcástico. Encontramos un gusto por la
desesperación jubilosa, una atracción por las paradojas, una
cierta idea desengañada de la vida y del amor (pero con la
certeza de que al menos vale la pena). Los temas predilectos
son las relaciones entre hombres y mujeres, a menudo
desde la perspectiva de la sexualidad y de las relaciones de
fuerza entre unos y otras. Es irreverente, le encanta rozar lo
prohibido sin ser absolutamente destructor. No se centra
nunca en el «chiste», pero se practica siempre que es posible,
en todas las circunstancias.

Es un humor esnob, a menudo consistente en reírse de uno
mismo. Es de buen gusto, sí, ponerse en las peores situaciones.
Divertir a los amigos asumiendo sus desengaños y sus defectos
ridículos es un verdadero deporte, practicado por los parisinos
que no practican ningún otro, porque reírse de uno mismo es
bueno para la salud (a falta de deporte, justamente).

«¿Quieres ser mi primera mujer?»

—SACHA GUITRY

ROMPECABEZAS PARISINO-**INVIERNO**

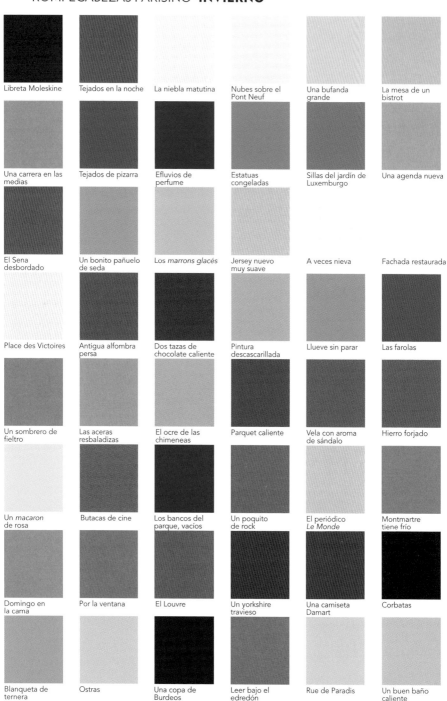

Libreta Moleskine

Tejados en la noche

La niebla matutina

Nubes sobre el Pont Neuf

Una bufanda grande

La mesa de un bistrot

Una carrera en las medias

Tejados de pizarra

Efluvios de perfume

Estatuas congeladas

Sillas del jardín de Luxemburgo

Una agenda nueva

El Sena desbordado

Un bonito pañuelo de seda

Los *marrons glacés*

Jersey nuevo muy suave

A veces nieva

Fachada restaurada

Place des Victoires

Antigua alfombra persa

Dos tazas de chocolate caliente

Pintura descascarillada

Llueve sin parar

Las farolas

Un sombrero de fieltro

Las aceras resbaladizas

El ocre de las chimeneas

Parquet caliente

Vela con aroma de sándalo

Hierro forjado

Un *macaron* de rosa

Butacas de cine

Los bancos del parque, vacíos

Un poquito de rock

El periódico *Le Monde*

Montmartre tiene frío

Domingo en la cama

Por la ventana

El Louvre

Un yorkshire travieso

Una camiseta Damart

Corbatas

Blanqueta de ternera

Ostras

Una copa de Burdeos

Leer bajo el edredón

Rue de Paradis

Un buen baño caliente

ROMPECABEZAS PARISINO-**VERANO**

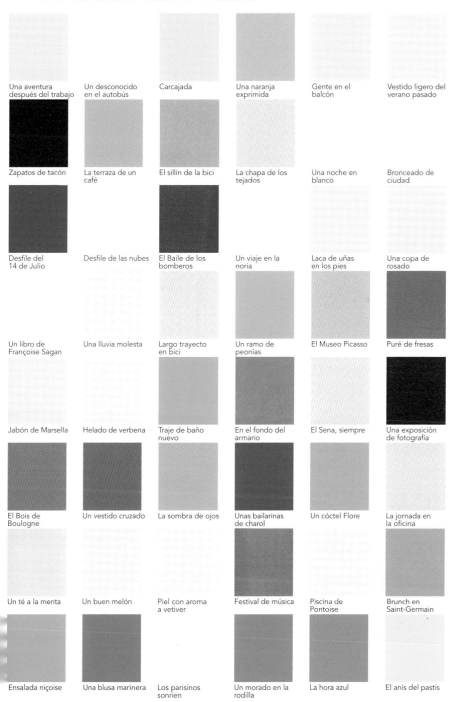

Una aventura después del trabajo	Un desconocido en el autobús	Carcajada	Una naranja exprimida	Gente en el balcón	Vestido ligero del verano pasado
Zapatos de tacón	La terraza de un café	El sillín de la bici	La chapa de los tejados	Una noche en blanco	Bronceado de ciudad
Desfile del 14 de Julio	Desfile de las nubes	El Baile de los bomberos	Un viaje en la noria	Laca de uñas en los pies	Una copa de rosado
Un libro de Françoise Sagan	Una lluvia molesta	Largo trayecto en bici	Un ramo de peonías	El Museo Picasso	Puré de fresas
Jabón de Marsella	Helado de verbena	Traje de baño nuevo	En el fondo del armario	El Sena, siempre	Una exposición de fotografía
El Bois de Boulogne	Un vestido cruzado	La sombra de ojos	Unas bailarinas de charol	Un cóctel Flore	La jornada en la oficina
Un té a la menta	Un buen melón	Piel con aroma a vetiver	Festival de música	Piscina de Pontoise	Brunch en Saint-Germain
Ensalada niçoise	Una blusa marinera	Los parisinos sonríen	Un morado en la rodilla	La hora azul	El anís del pastís

LA
MELANCOLÍA

Eres Parisina, o sea, melancólica. Sumergida en los colores de tu ciudad. Conoces esa tristeza sin motivo, esa esperanza sin objetivo. Son los recuerdos perdidos y los perfumes que resurgen. Son los seres amados, que ya no están. El tiempo que pasa y una sonrisa dirigida al pasado.

No dura nunca mucho, pero ese humor tan particular te sustrae durante unos instantes al resto del mundo. Y te da ese aire ausente y absorto que se apodera de ti a veces.

Estás sentada en un restaurante, sola. No tenías una cita con nadie que no fueras tú misma. Con el libro en la mesa, miras a lo lejos, ante ti, sin ver a nadie ni oír las risas que suenan a tu alrededor.

Por la ventanilla del taxi ves desfilar, en silencio, los barrios y la gente feliz que se apresura. Tu respiración se vuelve más lenta. Pides al taxista que ponga la música más fuerte, para que acompañe tus pensamientos.

Demasiado temprano, por la mañana. Vas andando en el sentido contrario a la multitud que entra en el metro. Vas despeinada, pero tus joyas brillan todavía con el fasto de la víspera. Tu corazón se rompe en el camino de vuelta, y no le dirás a nadie por qué.

Alguien te habla, pero no prestas atención a lo que te cuenta. Porque has notado a lo lejos ese olor a vela encendida que te sumerge en el fondo del barrio perdido de tu infancia.

En verano, sobre todo, eres muy sensible a esa hora especial del crepúsculo. Entonces tu corazón se esponja como si toda la memoria del mundo afluyese hacia ti. No quieres hablar con nadie, y te encierras en tu habitación hasta que cae la noche.

Madre
imperfecta

Seamos sinceros: la parisina es una mujer egoísta. Una madre amorosa, pero incapaz de olvidarse totalmente. En París hay pocas *mater dolorosa*, pocas mujeres sacrificadas que existen con el único objetivo de cocinar pastel de carne con puré de patata para su numerosa progenie. La parisina no deja de existir el día que tiene un hijo. No renuncia a su modo de vida, ligeramente adolescente, a sus veladas entre amigos, a sus fiestas, al cansancio del día siguiente. No renuncia a nada. Ya que, por otra parte, tampoco es de las que abandonan. No renuncia a educar a su hijo, a verlo crecer, a transmitirle sus preceptos, su cultura, su filosofía. **¿Y qué pasa en la vida de una mujer que no renuncia a nada? Pues que hay desorden, mucho desorden.** Un desorden tan habitual que se convierte casi en una nueva forma de orden, a fuerza de repetirse. Ese quizás es el faro principal del sistema educativo de la parisina que se convierte en madre. El niño no es el rey, es solo un satélite de la vida de ella. Y al mismo tiempo el niño está omnipresente, porque ese satélite sigue a su madre a todas partes, y comparte con su madre momentos preciosos. Asiste con ella a sus desayunos, la acompaña a una tienda, aterriza en un concierto o en la inauguración de una exposición, se duerme en un banco bajo la mirada de su madre, medio culpable, medio tierna. Pero el niño también va al colegio, al parque, juega al tenis, hace gimnasia o toma lecciones de inglés. A veces, todo al mismo tiempo. Esos momentos entre dos edades, esos momentos compartidos, que normalmente se prohibirían, son más bien excepciones regulares, formidables desvíos en los cuales el niño verá descarrilar su ocupación del tiempo aquí y allá. Y seamos sinceras: en general, nadie se queja. Más tarde, todo niño conservará recuerdos como destellos, briznas de conversación robadas aquí y allá, vestigios de ese mundo adulto al que se asomó durante unos instantes, haciéndose una imagen feliz de lo que le espera algún día. Esa alegría de vivir es, según la parisina, la mejor manera de dar a los niños ganas de crecer. Y la mejor manera de que las madres nunca echen de menos la vida que llevaban antes de tener hijos.

Cómo contestar el teléfono

cuando él llama por fin

El teléfono suena, ella descuelga.

La parisina lo deja sonar largo rato (no está al lado del teléfono).

Finge sorpresa (no esperaba su llamada).

Le dice que la vuelva a llamar al cabo de cinco minutos (está ocupada).

El problema es que no está sola (y claro, él no debe hacerla esperar).

VIRTUDES DE LA PRENDA NOBLE

La «prenda noble» es ese detalle esencial que te viste de la cabeza a los pies.

No hay necesidad de gastarse diez años de sueldo en un guardarropa, ni de ir siempre de marca. No. Basta con una sola pieza: la que se saca cuando una tiene la necesidad de sentirse fuerte.

No todas las parisinas tienen una abuela que les abre los cajones exclamando: «¡Te regalo lo que quieras, cariño, elige!». Ni mucho menos. Así pues, ¿qué? La parisina compra en los mercadillos de segunda mano, en los outlets o en internet. Y encuentra una prenda muy hermosa que llevará toda la vida.

Ya se trate de una preciosa gabardina, de un par de zapatos o de un bolso de piel, esa prenda es amada, conservada, pero sobre todo, llevada. Con unos vaqueros, bailarinas o una chaqueta sahariana. El resto del atuendo debe ser sencillo, para no parecer un árbol de Navidad.

La prenda noble es ese vestido que te queda maravillosamente, que te cae bien desde los hombros: cualquiera de tus gestos se vuelve amplio y fácil. Gracioso. Su tela es impecable, y el acabado perfecto... pero no es una exhibición.

La prenda noble no es «vistosa», es un secreto. Una pieza atemporal. Fuera de la moda. Que no se anuncia, que no exhibe su marca. Todo lo que se parezca a las letras del alfabeto (dos C, una D grande o incluso la YSL) es una literatura reservada a los carteles de los oftalmólogos. En la parisina, el lujo no debe cantar demasiado su nombre.

Es un regalo que la mujer se ofrece a sí misma, según su edad, sus gustos y su bolsillo. Es el símbolo de su independencia y su libertad, que parece susurrar: «sí, me la he comprado porque trabajo, y porque me gusta».

Superflua, sí, o muy necesaria, la pieza noble es un espíritu, un arma en su brazo, que hace que se sienta bien vestida, invulnerable.

Al natural

Hay un gran misterio casi imposible de resolver: lo natural. Ya que en realidad no hay nada menos natural que lo natural. Las parisinas os querrán hacer creer que han nacido con una piel perfecta y el pelo deliciosamente desordenado. Que su cuerpo, desde la cuna, desprende un perfume digno del Chanel n° 5. Que esa «naturalidad» es una herencia que no se explica.

Pues mienten.

Lo natural es el fruto de un gran trabajo, transmitido meticulosamente de generación en generación. Se trata de una serie de extraños consejos que se podrían resumir así: cómo cuidarse dando la sensación de que no te cuidas. Es el arte de la belleza versión París.

LO QUE HAY QUE SABER SOBRE EL PELO

Uno de los signos distintivos de la parisina es su cabellera. Se la distingue por varias cosas. Su peinado jamás es «impecable» y es raro que sea una gran adepta al *brushing*. Cultiva, según su edad, una especie de desenfoque capilar más o menos desordenado. Pero no hay que engañarse: se trata de un desorden muy ordenado.

¿CÓMO? El pelo no está teñido, o si lo está, es del color de origen, para realzarlo o para esconder las canas. Es una regla que más o menos respetan todas: se conserva el color que la madre naturaleza ha elegido para nosotras.

El pelo no se seca con secador (de hecho, podrías tirar el secador a la basura) sino con dos cosas mucho más respetuosas para el medio ambiente: en verano, el aire libre, y en invierno, una toalla. Por lo tanto, una se lava el pelo más bien por la noche y no por la mañana, para no salir de casa con la cabeza mojada.

Dormir con el pelo un poco húmedo en la almohada le dará, al despertarse, un movimiento que no carece de interés. No vale la pena, por otra parte, lavárselo todos los días, ya que al día siguiente (o incluso al otro, según las texturas) del lavado es cuando el pelo adquiere ese peso que le da un bonito volumen al recogértelo en un moño.

No vale la pena añadir accesorios al pelo: se evitan los pasadores y las cintas, si se tiene una cierta edad, pero también las joyas y otros inventos exhibicionistas.

A medida que los años se van dibujando en nuestro rostro, el pelo puede ir siendo un poco más ordenado, para mantener el equilibrio.

Y finalmente, bendita sea esa época mágica del verano, en la cual el pelo, mezclado con el agua de mar y el sol, queda sencillamente perfecto: un poco áspero, un poco claro, un poco salado...

Desde luego, algunas gotas de nuestro perfume en el pelo, detrás de la oreja o en la nuca, no han hecho nunca daño a nadie...

SOBRE LA CIRUGÍA ESTÉTICA

Las parisinas no se hacen la cirugía estética, ya que les gusta pensar que hay que saber aceptar el cuerpo que su madre les ha fabricado con tanto cuidado y atención. No solamente lo aceptan, sino que lo embellecen gracias a un pesado pero apasionante trabajo de conocimiento de sí mismas. Evidentemente, eso es lo que os harán creer, igual que a sus hombres, ¡pero es falso!

Hasta hace poco, la cirugía estética en Francia se consideraba síntoma de dos problemas inquietantes: futilidad de espíritu y depresión. Las cosas han evolucionado y hoy en día la mayor parte de las parisinas se operan el cuerpo y el rostro. Pero una vez más, a su manera, es decir, siguiendo un determinado número de reglas. Todo está en la moderación.

¿CÓMO? De entrada, eligen una sola cosa, una sola operación; la que realmente les cause problemas. Puede ser la nariz o la boca, los pechos o el vientre. A continuación, retrasan lo más posible la edad de la primera intervención en las arrugas. Es raro en Francia constatar que un rostro de menos de treinta y cinco años haya sido retocado. De manera general, comienzan las hostilidades a los cuarenta, a menudo con ácido hialurónico o bótox (sobre este último, no hay que recurrir más que una vez al año, so pena de que se note). Habiendo tenido paciencia hasta aquel momento gracias a estos preliminares, los primeros liftings localizados se contemplan después de los cincuenta años: en los párpados, las bolsas de debajo de los ojos o las arrugas peribucales. Después de los sesenta se piensa en la posibilidad de hacerse lo que se llama «mini liftings».

La cirugía no es, como en otros países, una señal externa de riqueza. Su único beneficio es que no se note. Y además en París no se habla de ello, no se dice. Lo fundamental es evitar toda intervención que paralice, que acerque a la mujer a la estatua o a la muñeca.

A PROPÓSITO DE LA PIEL

La piel se muestra sin maquillaje. Las manchas de rojeces aparecen en primavera con los primeros rayos de sol. A veces, el rojo se sube al rostro, se revela en los pómulos cuando mentimos, invade las mejillas cuando nos sentimos intimidadas. Todas las historias que cuenta la encarnación de nuestra epidermis no deben ahogarse.

Por eso la piel debe mostrarse desvelada y desnuda.

¿CÓMO? Las francesas evitan la base de maquillaje, que actúa como una mortaja. Unifica, y por lo tanto, banaliza.

En lugar de la base de maquillaje, hay que usar una crema hidratante que los maquilladores profesionales utilizan como base de todo maquillaje. Después, ocultar las imperfecciones (ojeras, aletas de la nariz, granos) con un antiojeras (Touche Éclat de Yves Saint-Laurent) o una crema BB. Si la base de maquillaje os parece un elemento irreductible de vuestra vida, mezcladla sistemáticamente con un poquito de crema hidratante para suavizar el efecto.

Si salís, poneos pintalabios de un rojo intenso (Dior Addict) y apli-cad generosamente en las pestañas superiores e inferiores la máscara

(Hypnôse de Lancôme). Así se acentúa la mirada y al mismo tiempo se ocultan las ojeras.

CUIDAR LAS EXTREMIDADES

Si la parisina puede parecer a veces un poco impertinente, respeta sin embargo los fundamentos universales de la feminidad: manos y pies cuidados. ¿Qué decir de ello? Las uñas están limpias, cortas, a veces pintadas... pero no sistemáticamente. Sencillez ante todo. La famosa «manicura francesa» nos parece aquí un enigma lingüístico: es exactamente lo contrario del chic francés. La parisina no la entiende ni la admitirá jamás. Es una confesión, la del tiempo que se ha pasado trabajando su sofisticación.

A pesar de todos estos cuidados, la parisina tiene pequeñas imperfecciones, que incluso le gustan (incisivos con diastema, dientes algo apiñados, cejas acusadas, nariz firme): son la marca de una cierta fuerza de carácter, y la autorizan a encontrarse bella sin ser perfecta.

PARISINA EN UN BANCO

La parisina siempre encuentra un buen motivo para estar sentada en un banco.

Cuando no quiere llegar antes a una cita para la cual ha salido media hora demasiado pronto.

Cuando debe buscar en el bolso para encontrar su teléfono, y las llaves del coche, y después el mando a distancia del párking, y las llaves de casa. Donde al final, cansada, ya ni siquiera tiene ganas de entrar.

Cuando se va para siempre dando un portazo con un gesto decidido, aunque no sabe muy bien adónde ir.

Cuando quiere besar a un hombre antes de decidir si hacer que suba a su casa o si será mejor que ese beso fracasado sea el último.

Cuando ha corrido cien metros detrás de un autobús que no ha conseguido coger, y se ahoga por ese esfuerzo físico inesperado.

Cuando hace una llamada que nadie en su casa tiene derecho a escuchar.

Cuando quiere leer un libro y que la vean leyendo un libro.

Cuando quiere imaginar lo que será un día ser vieja en París y contar su vida a las palomas, a falta de mejor compañía.

Mal gusto

Cada tribu posee sus códigos. Sus ritos. Sus costumbres que, en el mejor de los casos, son difícilmente comprensibles para el resto del mundo. La parisina es especialmente estricta en este aspecto. El «mal gusto», ya sea indumentario o intelectual, debe evitarse cueste lo que cueste, para no quedar como una *plouc* (ver las quince palabras imprescindibles).

En una fiesta, preguntarle a alguien «a qué se dedica». ✳ **Peor aún: preguntarle cuánto gana.** ✳ Tener una foto de tu boda en el mueble del salón. ✳ **Coordinar el bolso con la ropa.** ✳ Hacerse blanquear los dientes y que se note. ✳ **Depilarse demasiado las cejas.** ✳ Ser «amiga» de sus hijos. ✳ **Exhibir ostentosamente tu dinero... o ser una agarrada.** ✳ Hacer cualquier cosa y poner como excusa: «es que he bebido demasiado». ✳ **Retocarse la boca y parecer un pato.** ✳ Ir demasiado arreglada. Y demasiado maquillada. ✳ **Buscar cumplidos.** ✳ Utilizar las expresiones de moda salidas de la jerga empresarial: «el ADN de la empresa», «el márketing viral» ✳ **Llevar más de dos colores distintos en el pelo.** ✳ Tomarse una misma demasiado en serio.

Kit de supervivencia

Nunca se sabe

—Por supuesto, me muero de ganas de volver a verle.
—¿Le diste tu número?
—No. Cuando me fui solo le dije: «ya nos veremos...».

_What?

_TRUST ME:
IF A MAN WANTS
HE'LL FIND YOU

BUT YOU DIDN'T
GIVE HIM
YOUR NAME!

¿Cómo?
Créeme: si un hombre quiere encontrarte, te encuentra.
¡Pero es que ni siquiera le dijiste tu nombre!

2

ASUME TUS MALAS COSTUMBRES

LAS
PARADOJAS

* Ella da los buenos días a todo el mundo, **pero no quiere hablar con nadie.**

* Se come una pizza de cuatro quesos, **pero después pone sacarina en el café.**

* Se compra unos zapatos carísimos **y no les da betún jamás.**

* Es insoportable, **pero se queda pasmada cuando la abandonan.**

* Cuida su pedicura, **pero lleva una ropa interior que no hace juego.**

* Fuma como un carretero en el camino de montaña **al que va a respirar aire fresco.**

* Bebe vodka por la noche **y té verde por la mañana.**

* No cree en Dios, **pero reza para que su situación se arregle cuando se mete en algún berenjenal.**

* Es ecologista, **pero algunas veces va a comprar el pan en moto.**

* Es feminista, **pero ve películas porno.**

* Es capaz de mover montañas, **pero necesita que la aprueben constantemente.**

* Conoce sus defectos, que le amargan la vida... **Pero no cambia nunca.**

Cómo hacerle creer que tienes un amante

A elegir:

* Hazte enviar flores y da las gracias a tu novio por el detalle que ha tenido.

* Registra el contacto de tu hermana con el nombre «Pablo H.»

* Adopta un aire misterioso. Mira por la ventana.

* Llora de vez en cuando sin motivo.

* No respondas nunca cuando te llama, pero mándale textos melifluos.

* Dúchate muchas veces. Pasa mucho tiempo en el cuarto de baño.

* Compra ropa interior, o vuelve a fumar.

Pero si al final te deja no te quejes, porque te lo habrás buscado.

LA
PARISINA
AL
VOLANTE

La única regla que sigue no pertenece al código de circulación: que gana el mejor.

Llega incluso a adelantar a un hombre y cruzársele por delante, solo para restablecer la igualdad entre los sexos y demostrar que ella también los tiene bien puestos.

Sentada al volante, habla habitualmente el lenguaje de los signos y a veces hace una peineta para manifestar su descontento.

No soporta perder el tiempo aparcando y deja el coche en cualquier sitio como si pudiera contar con la ayuda de un aparcacoches imaginario para recuperarlo, pero se cree perseguida por el Estado, que le reclama el dinero de sus multas.

Si la para la policía se echa a llorar antes incluso de darle los papeles.

La mayor parte de las veces el policía la deja marchar, a pesar de sus infracciones. Es, por tanto, el único hombre sobre el cual sus lágrimas tienen un efecto beneficioso.

A veces es una mujer policía. Y ahí las lágrimas no sirven de nada. Entonces grita. Y pierde puntos del carnet. Maldice su mala suerte por haber dado con una mujer, pero no reconoce que tiene la culpa por haber circulado por el carril bus.

Le encanta encontrar pequeños atajos para evitar los embotellamientos. A veces pierde tiempo con ese juego, pero así tiene la sensación de dominar mejor la ciudad.

Se pone muy nerviosa con la gente que va en bicicleta. Le recuerdan demasiado que ella contamina el planeta y que no hace la gimnasia suficiente para tonificar sus muslos.

Ya ha hecho el amor en un coche pequeño. Sabe que, con la pasión del momento, te haces daño en la rodilla con el freno de mano. Pero eso no impide que lo vuelva a hacer.

Cuando llega tarde, se maquilla mientras va conduciendo. Después de todo, un retrovisor es un espejo.

A veces canta muy alto antiguas canciones horteras que no se atrevería a escuchar más que en el secreto de su coche.

El salpicadero que está delante es el reflejo exacto de su bolso, un desorden impresionante en el cual hay de todo: novelas negras, una nómina, un paquete de chicle, el cargador del teléfono, una rosa marchita abierta hace unos días. El conjunto forma un diario íntimo o una obra surrealista ofrecida al primero que pase.

Le encanta ir al límite de combustible, practicando una especie de juego de azar: ¿se quedará de repente sin gasolina o no?

EL ARTE DE BESAR

En la parisina, besar es como todo lo demás: tiene una tendencia innata a hacer cine. Cuando besa a un hombre, lo hace preferentemente en medio de la calle. Da un espectáculo, pone en escena su amor y quiere hacer de ese momento una representación única. Querría marcar los recuerdos: los del hombre suspendido de sus labios y los de aquellos que pasan. Pone de sí misma, como toda buena actriz, y casi espera recibir aplausos cuando al fin se detiene. De película...

Cómo recibir invitados a cenar

Entre bambalinas

Como Coco Chanel, no os sentéis a una mesa con más de seis comensales. En París, a menudo, para que una cena tenga éxito, hay que abrir una botella de champán en el aperitivo y servir copas con cubitos de hielo. Empezad, si es posible, con una conversación tumultuosa sobre política. Por ejemplo:.

— ¡Qué cosas! La «lucha de clases» se ha desplazado. Ya no es «obreros contra patronos». Ahora se ha convertido en la lucha de los orígenes. Pero al final, los pobres luchan contra los pobres.

— El capitalismo ha tenido éxito, fíjate: ha conseguido que los obreros no luchen ya contra los que tienen por encima, sino contra los que están por debajo. Por tanto, Marx tenía razón.

— Qué tonterías dices. Manejas unos conceptos que no dominas.

— Entonces dime cuál es la diferencia entre la derecha y la izquierda.

— ¡Pues muy sencillo! Para la derecha, cuando el individuo va bien, la sociedad va bien. Mientras que para la izquierda, cuando la sociedad va bien, el individuo va bien.

Cuando los invitados dejan de discutir y la conversación se vuelve aburrida, para impedir que los comensales se pongan a hablar de sus hijos, el ama de casa propone que se pase a la mesa.

En su menú no hay entrantes. Directamente, el plato principal. Sí... como si no tuviera otra cosa que hacer en la vida.

Lo esencial no es cocinar, sino dominar perfectamente algunas recetas. Una es muy fácil de hacer, en caso de «último minuto». La otra es muy difícil, para dejar pasmados a los amigos.

Las porciones deben ser generosas. Que la mesa esté muy bien decorada, con flores. Y que la cocinera no parezca sobrepasada por la situación. Todo debe parecer «fácil».

RECETA DE POLLO AL LIMÓN

INGREDIENTES

1 bonito pollo preparado para asar
2 limones
1 bote de limones confitados pequeños
1 cebolla (opcional)
2 cucharadas soperas de salsa de soja azucarada
Canela (al gusto)

Preparación: 15 minutos
Cocción: 2 horas
Para 4/5 personas

· Precalentar el horno a 175 ºC.

· Meter el pollo en un recipiente para el horno.

· Pelar los limones (si no son de cultivo biológico, hay que lavarlos con jabón de Marsella antes).

· Exprimir un limón y echarle el zumo al pollo.

· Añadir en el fondo del recipiente toda el agua de los limones confitados. Echar también los limones pequeños confitados cortados por la mitad y las peladuras de limón.

· Pelar el segundo limón a sangre. Rellenar el pollo con este limón.

· Untar la piel del pollo con canela en polvo, que le dará un bonito color tostado (sin que hayáis tenido que utilizar aceite).

· Añadir una cebolla cortada fina (opcional).

· Cocinar dos horas en el horno de convección.

· Cuando lleve una hora de cocción, dar la vuelta al pollo para que se haga también por debajo.

- Cuando lleve una hora y 45 minutos de cocción, volver a ponerlo del derecho y mojar con la salsa de soja azucarada.

  NOTA: Sobre todo no ponerle sal, porque el agua de los limones confitados ya lleva mucha.

Mientras tus invitados degustan el pollo al limón, procura que la conversación derive hacia el segundo tema predilecto de una cena parisina: el sexo.

— Por ejemplo, yo misma me doy cuenta de que en la cama me encanta que me llame «zorra». Pero si mi chico me llama «puta», creo que me pondría muy nerviosa.

— Pues depende del contexto... Por ejemplo: «qué putita eres» no tiene nada que ver con «puta» sin más. «Putita» me gusta, es gracioso.

La parisina conoce también una receta de familia, transmitida de generación en generación, que exige mucha preparación varios días antes (hacer las compras dos días antes y cocinar la víspera).
Lo esencial es decir siempre: «no, si no es nada, lo he hecho en cinco minutos» y no dar jamás las recetas ni las direcciones de aprovisionamiento.

RECETA DEL POT-AU-FEU (GUISADO)

Se recomienda hacerlo la víspera para desengrasarlo bien.

INGREDIENTES
Sal marina
1 trozo de buey (por ejemplo, espaldilla, paletilla, morcillo...)

1 trozo de ternera (por ej. jarrete)

1 tuétano por persona

1 zanahoria grande por persona, pelada y cortada por la mitad

1 cebolla (con un clavo de olor pinchado, si se quiere)

1 diente de ajo sin piel

1 rama de apio grande, cortada en cuatro

1 ramillete aromático con perejil, laurel y tomillo

Algunos granos de pimienta enteros

4 puerros cortados en dos si son pequeños, y en cuatro si son grandes

1 nabo por persona, pelado y cortado en dos o en cuatro

1 col cortada en cuatro

Pepinillos y mostaza para acompañar

Para 6 personas

· Llenar de agua fría una cazuela grande. Salar.

· Introducir la carne, las hortalizas para el caldo (zanahoria, cebolla, ajo, apio, algunos trozos verdes de puerro), el ramillete de hierbas aromáticas y los granos de pimienta.

· Cubrir y cocinar a fuego muy suave durante unas tres horas.

· Verificar regularmente y espumar quitando las impurezas y la grasa con una cuchara.

· Dejar enfriar y guardar en la nevera hasta el día siguiente.

· Al día siguiente, desengrasar. Calentar de nuevo la cazuela, a fuego suave, y colocar una cacerola a vapor encima.

· Cocer primero las zanahorias y los nabos al vapor, durante 15 minutos. Después añadir la col y los puerros que quedan, cociendo de 10 a 15 minutos. Atención, no hay que cocerlos demasiado: las verduras deben quedar firmes.

· Salar los tuétanos y envolver cada uno de ellos en papel de aluminio.

· Llenar una olla de agua, añadir sal y pimienta y llevar a ebullición. Una vez hierva el agua, añadir los tuétanos y reducir a fuego suave durante 10 minutos.

· Después de retirar el ramillete y el ajo, servir la carne en un plato y las verduras en otro. Servir el caldo aparte.

· No te olvides de poner los pepinillos y la mostaza en la mesa.

Después del sexo, el tema natural que aparece en la mesa al mismo tiempo que el postre: el adulterio. Es un tema universal, del cual todo el mundo tiene algo que decir, una experiencia que compartir, y seguro que ninguno de tus invitados se aburrirá.

— Prefiero mil veces que mi chico tenga un rollo de una noche antes que una relación amorosa platónica con alguien cercano.

— Estoy de acuerdo: no se abandona a alguien porque te haya engañado, se le deja porque ya no estás enamorado. Así que fantasear es ya engañar.

— Yo me paso la vida fantaseando. Cuando hacemos el amor, pienso en mi profe de informática, en mi alumno de doctorado, en mi vecino... es una mecánica de lo imaginario que no tiene nada que ver con lo real.

— ¡Yo no hablo de eso! Mira, imagínate que es en uno de tus conocidos en quien piensas siempre, cada vez que estás con tu novio... ¿ves la diferencia?

Hay tantas recetas de pastel de chocolate como parisinas viven en París. Más o menos dulce, más o menos blando, más o menos graso. No importa. No decepcionaréis a nadie acompañando una conversación sobre el adulterio con un maravilloso fondant de chocolate.

RECETA DEL FONDANT DE CHOCOLATE

INGREDIENTES
120 g de mantequilla
200 g de chocolate negro
4 huevos
200 g de azúcar
80 g de harina

Para 6 personas
Preparación: 15 minutos
Cocción: 30 + 10 minutos

· Precalentar el horno a 180 ºC.

· Fundir la mantequilla y el chocolate al baño María, es decir, colocando un cuenco con los ingredientes dentro de una olla con agua. O en un cuenco más grande lleno de agua, si se calienta al microondas.

· Con la batidora eléctrica, batir los huevos junto con el azúcar y después añadir la harina.

· Incorporar la mezcla de chocolate y mantequilla.

· Hornear 30 minutos y dejar enfriar 10 más antes de servir.

· Para verificar que está hecho, meter un cuchillo; si sale limpio, ya está listo.

Las cenas parisinas casi siempre acaban más tarde que una velada en una discoteca. Conversaciones acaloradas, declaraciones asombrosas, golpes teatrales... todo vale para ahuyentar el muermo. Pero llega lo mejor de la noche. Cuando los invitados se van no es para irse a dormir, sino para comentar la velada. No esperan ni siquiera a la cama, ni a llamarse por teléfono al día siguiente, a la hora de la pausa para el almuerzo. El informe empieza ya en la propia escalera.

— Parece que les va mucho mejor a Françoise y Jean-Paul.

— Sí, después de que él se acostara con su mejor amigo, su pareja funciona mejor.

— ¿Quieres decir que la ha engañado con un hombre?

— Cariño, lo raro sería lo contrario.

— Françoise sabe recibir tan bien...

— ¿Y eso es motivo suficiente para no hacer notar que el Saint-Emilion sabía a corcho?

— No era el vino: no se sirve jamás un *pot-au-feu* con burdeos, porque estropea el sabor. Pero es verdad que el vino sabía a corcho.

— Marie no ha bebido nada, ¿crees que estará embarazada?

— ¿Qué...? ¿A su edad?

— No parecía estar demasiado fina.

— Querido, ¿no sabes cuál es esa terrible enfermedad que nos acecha a todos, un día u otro? La vejez...

— Georges es muy misterioso... Es escritor, ¿no?

— Querido, no te dejes engañar: no habla para hacerse el interesante. «Se puede fingir que eres serio, pero no se puede fingir que tienes ingenio». Lo dijo Sacha Guitry.

— ¡Pero qué mala eres! Es el hermano sordomudo de Catherine.

— ¡Qué me dices! Siempre me había parecido que se había inventado esa historia del hermano para que no le reprochásemos su egoísmo de hija única...

Buenas noches, amigos... Que tengáis bonitos sueños. Y no olvidéis beber un litro de agua antes de ir a dormir... es el mejor remedio contra la resaca.

¿FRÍA O REFRESCANTE?

Si eres miope, sobre todo, no te pongas gafas. Así estarás segura de no dar los buenos días a gente que conoces y a quienes no quieres ver. Y eso te dará un aire vago y misterioso que seducirá a los hombres y exasperará a las mujeres, que verán claramente cuál es tu juego.

Llega la última a las fiestas donde se te ha invitado y se te espera. Bébete la copa de champán a sorbitos pequeños, no seas demasiado ansiosa.

Posa tu mirada sobre las cosas como si observases el horizonte con el sol ocultándose en el mar. Incluso cuando esperas el metro en la hora punta. Incluso cuando eliges pizzas en el supermercado.

Por teléfono, elimina las fórmulas habituales. Todo eso de: buenos días, ¿cómo va eso?, soy yo, ¿te molesto? etc. Ve directamente al grano. Cuando te hayan respondido, cuelga.

Acaba tus conversaciones siempre con «vale, hasta luego» aunque no vayas a ver a tu interlocutor hasta el año próximo.

Habla bajo, de manera que la gente se vea obligada a inclinarse hacia ti. Que se te vea preocupada. Habla con citas.

Entrégate de verdad, pero jamás del todo.

Evidentemente, te arriesgas a acabar sola, encerrada en una burbuja congelada capaz de vencer hasta al cambio climático, porque ni siquiera habrás visto la silueta del hombre que habría podido cogerte entre sus brazos, y despreciaste a esa joven mal vestida que habría sido tu mejor amiga para toda la vida.

En este caso, no te queda más que comprar un billete solo de ida hacia París.

Esa mueca
parisina

París tiene esa cosa maravillosa para los visitantes y mortífera para sus habitantes: es un museo a cielo abierto. En cada calle resuena el peso de la historia. Cada piedra nos recuerda duramente nuestra pesada herencia. Los fantasmas de nuestros antepasados parisinos, almas errantes, nos miran de arriba abajo desde lo alto de las gárgolas para gritarnos: ¿estarás a la altura?

Entre aquellos que nos han precedido, están las «preciosas». Bajo los reinados de Luis XIII y Luis XIV, determinadas mujeres de la corte decidieron crear un movimiento feminista: se trataba de luchar contra la violencia misógina de la época. Esas mujeres querían ternura, reclamaban el pudor de los sentimientos y querían que se las conquistara por la oreja... es decir, que se les hablase con gracia e imaginación, antes de echarse encima de ellas.

La escritora Madeleine de Scudéry fue la que lideró esa corriente. Dibujó un mapa de geografía imaginaria, el de un país llamado Tendre (Tierno). Para llegar hasta las tierras del Amor había que pasar por muchos pueblecitos pequeños, que eran las etapas para conquistar poco a poco el corazón de la persona.

De aquellas primeras feministas las parisinas han conservado esa mueca un poco fría, un poco distante, que es su característica. Es nuestra herencia, con la misma justicia que un lunar en la nalga o una vieja cómoda se transmiten de generación en generación.

Aún hoy en día, el «mapa de Tendre» perdura inconscientemente. Las parisinas van del frío al calor, de la indiferencia a la amistad, pasando por todos los recovecos y etapas esenciales a toda relación humana. Las cosas deben tomar su tiempo, pero es una fuerza tranquila, que crea unos lazos sólidos. Si la parisina no da su amistad fácilmente, una vez establecida, es a vida o muerte, ¡que me muera ahora mismo si no es verdad!

Esnobismos parisinos

* La noche del 31, comer solo un plato de marisco y meterse en la cama antes de medianoche (porque ya has organizado una pre-fiesta en tu casa la víspera, que ha sido «la mejor del año»).

* En la mesa, no desear jamás «buen provecho» a los comensales (igual que no se pasa la sal de mano en mano).

* Abandonar una fiesta antes de que llegue a su punto álgido (incluso la organizada por ti misma).

* Mezclar el negro y el azul marino (como el rosa y el rojo de Yves Saint-Laurent).

* Cuando se conoce a alguien, no decir «encantada», sino «encantada de conocerle» (no se sabe lo que reservará el porvenir).

* Decir «La Recherche», cuando se quiere hablar del libro de Marcel Proust *En busca del tiempo perdido*.

* No abreviar en los mensajes de texto (y los emoticones son únicamente para las amigas).

* Negarse a ir a la moda (considerar que la moda nos sigue).

* No perder jamás el control de una misma (pero tener un pasado muy turbulento).

* Ser muy amiga de gente de distintas generaciones (más jóvenes, más viejos, pero sobre todo de los más viejos).

* Asumir que eres una esnob (molestarte si piensan que no lo eres).

LA PARISINA EN LA OFICINA

Está echada en la cama. Ha sonado su despertador hace un momento. No tiene motivo alguno para perder ese tiempo precioso, aparte de sentir la necesidad imperiosa de no apresurarse. En el trabajo, sin duda, la espera alguien. Piensa vagamente en ello mientras toma su ducha salvadora, recordando solo en ese preciso momento que volvió demasiado tarde ayer. Pero en cuanto pone un pie en la calle, se deja llevar por el ritmo de los demás. Entonces la culpabilidad va en aumento, y eso hace que corra hacia el autobús que acaba de ponerse en marcha sin ella. Durante todo el trayecto, se sumerge en la invención de excusas. Recuerda todas las que usó ya las últimas semanas. A medida que pasan los minutos, una angustia palpable toma forma en su vientre. Tanto que cuando entra, sin aliento, por la puerta de su oficina, realmente tiene lágrimas en los ojos. Y nadie se atreve siquiera a hacerle alguna pregunta sobre esos problemas personales que le dan un aspecto cansado toda la mañana. Se crea entonces un círculo vicioso, ya que las miradas de compasión que se posan sobre ella le dan la sensación de tener el alma encogida de verdad.

Sentada ante su escritorio, trabaja sin pensar realmente lo que hace. Deja que sus dedos corran sobre el teclado, y le vuelve a la memoria el rostro de aquel hombre con el cual no acabó la noche anterior, aquel hombre con el que al final no hizo nada. Tiene la sensación de ser huérfana de un fantasma, y sentirse abandonada por un perfecto desconocido. Cuando un colega viene a hacerle alguna pregunta profesional, se equivoca, se embarulla, se sale por la tangente. Y cuando la chica que se sienta frente a ella se lo hace notar, ella se enfada, dejando que salga a la luz lo más volcánico de su carácter, desconcertando a todos los que la rodean, ella misma la primera. Ya calmada, después de su crisis, se pone manos a la obra y cierra todos sus expedientes con la rabia de una mujer que quiere demostrar al mundo lo que vale. Se concentra en una negociación difícil y se niega, por orgullo, a cambiar de postura. Cuando sale de trabajar va con la cabeza bien alta, con la expresión feroz de quien ha cumplido su misión... y contempla seriamente la posibilidad de ir a tomar una copa antes de volver a casa. Porque, después de todo, se lo merece.

LOS NIÑOS: LO QUE NO DICE NUNCA

Una parisina no contrata jamás a una canguro demasiado guapa, porque encuentra siempre mucho más competente a la fea.

Dice siempre con desgana, falsamente molesta, que su hija «es un poco precoz». Una forma de decir que es un genio. Una forma de decir, sobre todo, que ella misma ha sido mimada intelectualmente por la naturaleza.

Utiliza a menudo las enfermedades imaginarias de sus hijos para evitar las cenas en las cuales inevitablemente se va a aburrir como una ostra. Después se siente culpable y se pregunta si un dios cualquiera no acabará vengándose de sus mentiras haciendo que su bebé se ponga enfermo de verdad.

Cambia los pañales sin rechistar, pero no habla jamás en público de diarreas o de problemas gastrointestinales. Hasta en la consulta del pediatra le cuesta pronunciar esas palabras.

No da el pecho necesariamente. Solo si tiene ganas. Y cuidado con aquel que tenga la audacia de explicarle lo que debe o no debe hacer con sus pechos. Sobre todo si es un hombre.

Deja dormir a sus hijos en su propia cama de vez en cuando, sobre todo porque está prohibido por todos los libros de puericultura y a ella no le gusta hacer lo mismo que hace todo el mundo.

De vez en cuando, compra tiempo a base de dulces para poder acabar su conversación telefónica con su mejor amiga.

Entre los amigos de sus hijos, algunos le gustan mucho, a otros los encuentra muy tontos. Y no hace ningún esfuerzo concreto para ocultar lo que piensa, estimando que ser hipócrita sería dar mal ejemplo.

Puede pasar horas inventándose, con sus hijos, mundos imaginarios donde a ella misma le gustaría vivir eternamente, si no tuviera que volverse adulta de vez en cuando para ganarse la vida.

MENUDA
PLANCHA...

* Es el texto que le envías a la chica a la que estabas criticando. Simplemente porque al pensar en ella demasiado, has seleccionado por error su número.

* Peor aún: cuando te disculpas con esa chica, que no cree ni por un momento que lo sientas muchísimo y que solo te escucha por el placer de dejar que te humilles.

* Es el hombre encantador con el que te cruzas por segunda vez en una velada, y que al acercarse, te saluda y te dice: «hola, Anne». Tú te llamas Audrey.

* Es una media que se rompe justo en el momento en que te sientas para una entrevista de trabajo. Un agujero en el tejido en el cual piensas tanto que se transforma en agujero de la memoria, y que a falta de salario, se convertirá en un agujero en tu cuenta bancaria.

* Es el asado de cerdo que has preparado para la cena de esta noche con una pareja de amigos que son musulmanes practicantes.

* Es el pitido que te recuerda que te tomes la píldora en medio de tu cita profesional de las 11. En el mejor de los casos, el hombre que tienes enfrente cree que es la alarma de tu despertador.

* Es al día siguiente, cuando abres un ojo al lado de alguien y te acuerdas de que no te tomaste aquella píldora porque estabas en una reunión de trabajo a las 11 de la mañana.

* Es el día que tu padre se equivoca y te envía un mensaje picante destinado a su amante. Superas de golpe tu complejo de Edipo...

* Es champán. Vodka. Champán. Vodka. Champán. Hasta el momento en que es hora de tomar un café.

* Es también la foto de la que no te acuerdas, pero que te ha precedido, magia del Twitter, a tu puesto de trabajo.

* Es cuando te das cuenta de que fuiste tú quien la subió. *Merde!*

* Son 456 mensajes no leídos en tu correo profesional.

* Es el mensaje de un cazatalentos que data del año anterior, perdido entre los otros y caducado para siempre jamás.

* Es tu banquero, el primero que te llama el día de tu cumpleaños.

* Es el inspector de hacienda, el segundo que te llama, como si se hubieran puesto de acuerdo.

* Es un grano en el culo, una noche romántica.

Son todos esos pequeños momentos que impiden para siempre que te tomes en serio.

CÓMO DESESTABILIZAR A LOS HOMBRES

Está la que anula la cita quince minutos antes excusándose, pero sin dar ningún motivo.

Está la que no cuenta con más de cinco palabras qué hizo esa velada: «Ha sido estupendo, de verdad». Y se va a dormir.

Está la que habla de política con la boca y de sexo con los ojos.

La que dice la verdad desnuda y puede responder: «muy mal» a la pregunta: «¿cómo estás?».

La que se olvida «de verdad» de ponerse sujetador en verano.

La que hace emocionante una reunión de trabajo al poner una mano indiscreta en su muslo.

La que, en caso de pelea, ajusta las cuentas en la cama, usándola en lugar de hablar.

La que se coge del brazo de un desconocido cuando baja las escaleras con tacones.

La que se espabila para pagar la cuenta antes de que la pida él.

La que, en un momento anodino, exclama: «¡es el mejor día de toda mi vida!»

EL DILEMA DEL GIMNASIO

Esta historia trata de un debate interior. El que llamaremos «debate de las 18 horas». La jornada de la oficina toca a su fin y el dilema empieza a tomar cuerpo. ¿Debe obligarse a ir al gimnasio, realmente? Resulta que después de otro debate interior, decidió apuntarse a un club. Había pasado unas horas en casa de su madre. Su madre, que antes era tan guapa. Un decenio de inactividad había bastado para arruinar lo que la naturaleza le había ofrecido. Al verla de espaldas, preparando un café, con las caderas anchas y las nalgas en pleno descenso, ella se decía que Dios, que había inventado la menopausia, tenía que ser misógino por fuerza. Y por lo tanto ese mismo día tomó una decisión grave. Había que inscribirse en el gimnasio y luchar contra su herencia genética y las leyes de la gravedad.

Con paso incierto e inquieto penetró en la sala, alegremente mal equipada. Un par de viejas Converse en los pies y unas mallas de deporte que ya no llevaba nunca. Había dado su nombre, registrándose para siempre en el fichero de las chicas deportivas. En aquel recinto se sentía menos segura, pero no quería demostrarlo. Se negó a solicitar ayuda para programar sus ejercicios y se embarcó en un ritmo malo, echando una pierna delante de la otra con torpeza, con los pies ligeramente a lo pato. Pero su orgullo le prohibía abdicar antes del cuarto de hora que se había propuesto. Su aliento jadeante resumía perfectamente treinta años de vida disoluta, fiesta, cigarrillos, alcohol y falta de sueño crónica. Pero a pesar de los calambres, aguantó. 23 minutos más tarde, volvía a salir con la cabeza alta, jurándose volver pronto.

De eso hace un mes. Después, todos los días a las 6 de la tarde el debate interno viene a mortificarla. **Piensa en las nalgas de su madre y en la cuota mensual que está pagando. Sin embargo, no hace nada.** A las 6 la invade la fatiga. Siente la llamada peligrosa de la terraza. Y justo en ese momento la llaman unos amigos, como si estuvieran encargados de poner a prueba su voluntad. Pero la verdad es que no tiene demasiada voluntad, y lo sabe, y se ríe. Escribe en un post-it mental: «Iré al gimnasio mañana». Maldice aún a su madre por no haber sabido conservar la línea, y evitarle así esas angustias asesinas, angustias que se borran enseguida, sin embargo. A las 7, pidiendo un vasito de vino tinto, no piensa ya en absoluto en el deporte.

_BUT

YOU TOLD HIM

NEVER

TO CALL YOU

AGAIN.

—¡Pero le dijiste que no te volviera a llamar nunca!

_I JUST CAN'T BELIEVE HE ACTUALLY LISTENED.

—No puedo creer que me escuchase de verdad...

3

CULTIVA TU *ALLURE*

Look
24 horas

LOS
ESENCIALES

El vaquero, a todas horas, para todo y con todo. Quítalo de su armario y la parisina se encuentra desnuda.

Los zapatos de hombre. Sencillamente, porque siempre se ha dicho que los zapatos planos no eran para chicas, y porque tienes espíritu de contradicción. Es siempre la esencia de tu estilo.

El bolso. No es un accesorio, es tu casa, es un desorden completo donde se encuentra igual un trébol de cuatro hojas prensado que una antigua factura de electricidad. Si es tan bonito por fuera es solo para salvar las apariencias. Y que nadie se pregunte nunca qué hay dentro.

La americana negra. Da un estilo elegante a un vaquero un poco sucio (el que te pones constantemente, por tanto) y que llevas los días que no quieres hacer ningún esfuerzo sin que se note demasiado.

Las bailarinas. Es el equivalente al par de zapatillas de casa que jamás has comprado. No negocias entre la comodidad y la elegancia. Para ti, o las dos cosas o nada. No se ha visto jamás en la vida a Audrey Hepburn con zapatillas.

El pañuelo de seda. Tiene más de una función. Primero, añade una nota de color a un atuendo oscuro, sin correr el riesgo de dar un paso en falso de moda. Además, cuando llueve te lo puedes poner en la cabeza, como Romy Schneider. Y a veces sirve también para secarle los mocos a tu niña, cuando no tienes pañuelos de bolsillo.

La camisa blanca. Es emblemática y atemporal.

La gabardina larga, Sí, te protege menos del frío que un anorak. Pero si te pones un anorak acolchado, tienes la impresión desagradable de ponerte voluntariamente michelines.

La bufanda enorme. Porque no tienes anorak, justamente. Y aunque no quieras reconocerlo, resulta que tienes frío.

El jersey grueso que resbala por los hombros. Lo llevas al día siguiente de la fiesta, como si te envolvieras en una funda nórdica. Es suave como un oso de peluche, tranquilizador como un ansiolítico, grande como un biombo los días que notas demasiado las caderas.

Las gafas de sol grandes y sencillas. Todos los días, aunque llueva, porque siempre hay un motivo para llevarlas: demasiada luz, resaca, lágrimas en cascada, ganas de crear misterio.

La camisa ancha. Abres siempre un botón de más y la entreabres para quitarle su aire demasiado decente. Por lo general, se la has cogido prestada a tu chico, no se la has devuelto nunca y la llevas incluso un día que estás en los brazos de otro. Porque el amor pasa, mientras que determinadas modas siempre permanecen.

La camiseta más sencilla pero cara. La contradicción guía tu vida, como la libertad guía al pueblo, y quieres ceder a las modas más populares, pero trasplantando a ellas la idea del lujo. Pasas horas por tanto buscando esa camiseta ideal con el tejido fino y un poco transparente, que parece de cachemir.

marel.

TRES CENTÍMETROS, NI UNO MÁS

Zsa Zsa Gabor decía: «La única profundidad que interesa al hombre en la mujer es la de su escote».

Quizá tuviera razón, pero un escote demasiado vertiginoso apaga la curiosidad. Lo dice todo demasiado rápido. Ofrece el postre cuando no se ha tocado aún el primer plato. Se olvida de hacerse desear. Carece de confianza en sí mismo. No sabe que puede complacer sin darse demasiado. Se parece a esas chicas que hablan tanto que nadie tiene ganas de hacerles preguntas.

La parisina no enseña demasiado. Responde a un mandamiento muy sencillo, cuando se trata de desnudez: tres centímetros de piel.

Una falda que se sube ligeramente por el muslo cuando se sienta en un café. Una camiseta de cuello ancho, que se escurre por la redondez del hombro cuando ella levanta la mano para llamar al camarero. Un vistazo subrepticio del nacimiento de los senos, cuando se inclina para recoger su bolso.

Tres centímetros, no más. Una dosis.

Y esa dosis es una droga que incendia la imaginación. Que da a los hombres ganas de conocer lo que sigue, de escuchar su historia, de penetrar sus silencios, de arrancarle la blusa. La parisina negocia su misterio con elegancia, y resuelve poco a poco el enigma de su cuerpo desnudo. Y son muchos los que están dispuestos a arrojarse a sus pies, aunque solo sea para quitarle los zapatos. Tres centímetros, eso es todo.

La
biblioteca

HAY MUCHOS LIBROS EN LA BIBLIOTECA DE UNA PARISINA:

* Están los libros que dices haber leído desde siempre, hasta el punto de que realmente tú misma crees que los has leído.

* Están los libros que datan de la escuela y de los cuales no recuerdas más que el nombre de los protagonistas.

* Los libros policíacos que lee tu novio y que no aceptas en tu biblioteca.

* Los libros de arte que te regalan tus padres todos los años por Navidad, para que te cultives.

* Los libros de arte que te gustan de verdad y que te has comprado tú misma.

* Los libros que te prometes leer en los próximos diez años.

* Los libros de los que no te gusta más que el título.

* Los libros sobre los que reposa tu cultura moderna.

* Los libros que relees sin cesar y cuyo sentido cambia a medida que cambia tu vida.

* Los libros que te recuerdan a alguien a quien amaste.

* Los libros que conservas para tus hijos, si los tienes.

* Los libros cuyas cien primeras páginas has leído cien veces, hasta el punto de sabértelas de memoria.

* Muchos libros que tienes en tu casa y que, todos juntos, son la prueba tangible de que eres una chica leída.

Y ESTÁN LOS LIBROS QUE HAS LEÍDO, AMADO Y QUE FORMAN PARTE DE TU HISTORIA:

El extranjero, Albert Camus

Las partículas elementales, Michel Houellebecq

Bella del Señor, Albert Cohen

Buenos días tristeza, Françoise Sagan

Madame Bovary, Gustave Flaubert

La espuma de los días, Boris Vian

Lolita, Vladimir Nabokov

Las flores del mal, Charles Baudelaire

Viaje al fin de la noche, Louis-Ferdinand Céline

Por el camino de Swann, Marcel Proust

Louis Aragon Aurélien

Sébastien Japrisot La passion des femmes

Paul Claudel L'annonce faite à Marie

Baudelaire Les Fleurs du Mal

Marc Dugain Une exécution ordinaire

Kundera La plaisanterie

Robert Merle Malevil

Albert Cohen Solal

Patrick Modiano Dora Bruder

Carroll Alice au pays des merveilles

Joseph Kessel Contes

Marcel Proust Le Temps retrouvé

Le Clézio Désert

Guy Debord La Société du Spectacle

Jacques Prévert Paroles

Philip Roth Professeur de désir

Raymond Queneau Le chiendent

Contes Littéraire

François Furet Penser la Révolution française

René de Ceccatty Aimer

Daniel Pennac Aux fruits de la passion

Daniel Pennac Le dictateur et le hamac

Alexandre Dumas La reine Margot

Sartre Les mains sales

Kundera L'insoutenable légèreté de l'être

Sartre Qu'est-ce que la littérature

Marie Darrieussecq White

Sartre Les mots

Victor Hugo Choses vues 1830-1848

Genou Contes

Alain Finkielkraut La sagesse de l'amour

Jean-Jacques Rousseau Du Contrat social

Antonin Artaud Le théâtre et son double

Daniel Arsand

Jean Paulhan

Daniel Arsand On n'y voit rien

Sartre L'imaginaire

Mérimée Colomba et des autres nouvelles

François-Marie Banier Sur un air de fête

Sartre Huis clos

Romain Gary La vie devant soi

Kundera L'art du roman

Nathalie Sarraute Martereau

Le Chasseur de Rolent

William Faulkner Lumière d'août

Nicolas Fargues J'étais derrière toi

Sartre La nausée

Marie Nimier Sirène

Raymond Chandler La dame du lac

Honoré d'Urfé L'Astrée

Georges Perec La Vie

Contes Le rhin

Marguerite Duras Le ravisseur

Daniel Pennac Monsieur Malaussène

Pierre Magnan Les courriers de la mort

Gus Les bons moments

Marcel Proust Un amour de Swann

Borges Fictions

Victor Hugo Les Fleurs du Mal

La République Platon

Baudelaire Les Fleurs du Mal

LA MINIFALDA

Con una camiseta blanca o una blusa estampada, la minifalda no acepta escotes o exhibicionismos. Los tacones deben ser planos, y el maquillaje invisible. La minifalda, para ser digna de tal nombre, debe tener un corte perfecto. Ya sea vaquera, de algodón o de cuero, tiene que ser lineal, sencillísima.

Porque en Francia no es señal de una voluntad de seducir. No. Es una señal de libertad. La minifalda nació en París, mucho antes de la moda del «swinging London»... o al menos eso quieren creer las parisinas. La primera se encargó al costurero parisino Jean Patou, al principio de la década de 1920. La francesa Suzanne Lenglen, campeona de tenis, le pidió que le diseñara un modelo de falda para los Juegos Olímpicos de verano. Con la «moda Lenglen» apareció un nuevo género, el de un sexo más fuerte, pero que no se masculiniza.

Desde entonces, la minifalda ha creado un juego de vaivén entre lo que se oculta y lo que se muestra. Es un vaivén en el tiempo: ese momento preciso entre vestirse y desnudarse. Ni desnuda ni tapada, entre los dos.

«Las piernas de las mujeres son un compás que mide
el globo terrestre en todos los sentidos, dándole su equilibrio
y su armonía.»

—De la película de la Nouvelle Vague *L'homme qui
aimait les femmes*, de François Truffaut (1977)

SALVAR LA PIEL

R ecuerdas, cuando eras adolescente, haber oído canciones de amor que evocaban sobre todo la piel del otro, del ser amado? En aquella época, sin hacerlo a propósito, cambiaste el sentido de una de ellas, que te ha seguido durante largo tiempo. Es cierto: «¿qué no harías por la piel?», como decía ese fragmento tan bonito. De todos los tejidos preciosos que tanto amas, la piel es sin duda el más fascinante, el que más cuidas, el que mimas. Ese cuero en el que sabes leer todas las líneas, como si fueran las de un pergamino. La relación que te une con tu piel es el fruto de toda una educación.

La belleza en Francia es epidérmica. No interesa el maquillaje, lo que cuenta es lo que pasa debajo. Tu madre te ofreció ya desde pequeña un espejo, una ventana hacia la edad, hacia el tiempo que debía pasar por tu rostro. No te ha dicho mil veces que no fumes, que no bebas demasiado. Simplemente, te ha invitado a constatar los efectos en tu reflejo. La piel imprime tus recuerdos de fiesta bajo tus ojos, en las comisuras de tus labios. Te enseñó, así, a desconfiar de tu inclinación hacia el exceso.

Y es que en París las reglas están muy claras: se anticipa, se prepara el porvenir, pero jamás se corrige completamente. Juega con lo que te ha dado la naturaleza. Sácale el mejor partido posible. Es eso lo que te ha transmitido tu madre, al mismo tiempo que su sabiduría sobre las cremas, cercana a la hechicería. Jamás has contado el número de botes de tu cuarto de baño, pero sabes que existe uno para cada centímetro de tu cara e incluso por debajo, el cuello, el busto y todo tu cuerpo, hasta la planta de los pies.

Pasadas las primeras borracheras de la juventud, no te has metido jamás en la cama sin desmaquillarte, durmiéndote así con un olor que no es el de la fiesta. Sí, te levantas un poco más cansada con tantos cuidados prodigados. Pero es el precio que hay que pagar para salvar la piel.

Ser rica

Ella no lleva una sortija en cada dedo, ni un diamante en cada sortija.

No lleva ese reloj de oro que vale lo mismo que un coche grande.

No tiene tampoco coche grande que guardar.

No tiene bolso alguno que chille con demasiada insolencia su marca.

Por el contrario, lleva bajo el brazo un periódico inteligente.

Cita a Sartre o Deleuze ocasionalmente en su conversación.

Quiere brillar, pero solo por su discurso.

Signos externos de riqueza intelectual.

El negro es un color luminoso

CARA

Si su armario está solo lleno de negro, no es porque esté de luto.
Al contrario, el negro en la parisina es el color de la fiesta, el de las
noches que no acaban nunca, el de las chicas que se niegan al alba,
cerrando los postigos. Una larga silueta oscura, fina y elegante,
atravesando una multitud de largas siluetas oscuras, finas y elegantes.
Esa es la definición de una velada aquí. Y parece que ese código sea
un acuerdo tácito, compartido por todos los que callejean pasada la
medianoche. Incluso el blanco puede desentonar dentro de ese cuadro
tenebroso. Pero no penséis que la imagen es monótona. París ha sabido
poner en palabras ese estilo particular. Palabras salidas de la boca del
hombre que parecía haber inventado el negro, Yves Saint Laurent.
Él decía: «No hay un negro, hay negros». Ha sabido convencer al
pueblo de que esa acromía era un arte sutil. Si Dios hizo la luz, parece
que Saint Laurent la apagó, con el mismo éxito.

CRUZ

En realidad, solo hay que rascar la superficie para saber qué significa
esa negritud implacable. Detrás de sus poses, la parisina esconde un
miedo, un pánico loco: el de no ser chic. El del desliz en moda, porque
el negro es práctico, es cómodo. Es un valor seguro, del que puede
apropiarse hasta una chica que carezca de talento. El negro es cómodo,
vale para todo. Afina las siluetas y anula el mal gusto. Es un seguro
para la noche, la promesa de fundirse en la masa moderna. Cuando
se piensa, esa moda resume el instinto gregario de la parisina, su lado
oveja... negra. Pero no contéis con que ella confiese que lleva un
uniforme. Debéis saber que no se consigue nada diciéndole esa verdad.
Si lo hacéis, solo habréis conseguido que su humor sea más negro.
Os mirará de arriba abajo, dará la vuelta en redondo y desaparecerá
en la oscuridad para siempre jamás.

EL
TIEMPO
SUSPENDIDO

Tomas café sola, en una mesa en la terraza.

Observas la ronda de los que pasan a tu alrededor, las familias, los niños que juegan, la joven cautivada por su libro, el turista perdido que busca su camino, el hombre apresurado que corre a coger el autobús, las hojas del cerezo silvestre por encima de ti.

En principio, no tienes motivo alguno para estar allí: no has quedado con nadie y nadie te espera. Te quedarás todo el tiempo que quieras, te irás cuando lo decidas. Ningún otro deseo que el tuyo vendrá a dictarte lo que hay que hacer, ni cómo hacerlo. Hay algo de arriesgado y sin embargo delicioso en la libertad.

Eres anónima en tu ciudad, sin identidad, edad o profesión. Puedes recuperar el control de tu vida. Sentir los latidos de tu corazón, respirar y escuchar. No hacer nada, nada en absoluto. Saborear esos momentos robados, que te permiten reagruparte y no te pertenecen más que a ti: solo tú eres responsable de lo que te pasa.

Hoy más que nunca, cuando tu vida está cronometrada, planificada, cuando vas siempre de A a B, en este momento en que tu teléfono está apagado, nadie sabe nada de ti, ni dónde estás. Tu propia transgresión de tus costumbres te emociona: te eres infiel a ti misma, reinventas tu campo de posibilidades.

Podrías desaparecer de repente; meterte en un taxi y tomar un avión para Caracas o Ulán Bator, o bien sencillamente pasar el día en el cine. O iniciar una conversación con tu vecina de café, cuando normalmente eres tan tímida, preguntarle por su libro, «ah, no, no conozco a Turgueniev», después hablar de lo mucho que ha cambiado el barrio; reemprender tu camino, pararte en un parque; responder a un desconocido al que no volverás a ver jamás. Él no sabrá ni tu apellido, ni tus orígenes, ni el nombre de tus hermanas y hermanos, hasta qué punto te acomplejan tus orejas, por qué copiaste en los parciales de mates y por qué prefieres hacer el amor por la mañana.

Compartir solo este momento, suspendido, antes de volver despacio a tu casa; volver a encender el teléfono, leer los mensajes y responder a tus seres queridos, que se habrán inquietado por tu pasajero silencio.

El aburrimiento es tu jardín secreto.

Es un lujo, la soledad.

LA PARISINA DEL JERSEY AZUL MARINO

En los años 80, este estribillo cargante se oía por todas partes, sin parar: «He tocado el fondo de la piscina con mi jersey azul marino, desgarrado por los codos, que no quise remendar».

Nos hemos hecho mayores con ese estribillo, hemos proyectado la imagen de esa chica guapísima y desamparada con un jersey con el cuello de pico, un jersey del mismo color que sus ojos. Todas hemos querido quitarle ese jersey, aunque tuviera agujeros, a falta de poderle coger prestados los ojos. Exagerando un poco, se podría decir que Isabelle Adjani inventó el azul marino. O más bien que Serge Gainsbourg, autor de esa canción de culto, la inventó para ella. Gainsbourg era un enamorado gracioso. Pintor del alma, entregó a una mujer un color que hasta aquel momento evocaba sobre todo el uniforme de los bomberos. Y como ocurre a menudo, la parisina está de acuerdo con Serge. Ese azul particular es el que ha adoptado, el de sus vaqueros, el de la bufanda grande que se pone en invierno en torno al cuello, el de la gabardina que le llega por debajo de las rodillas o de las rayas de su blusa preferida. Ese azul es el de la noche profunda, el tinte que se aproxima más al negro, ese negro que tanto nos gusta. Hasta el punto de romper unos de los mandamientos absolutos de la moda: jamás mezclar azul y negro.
Una rebelión discreta, incluso débil, de acuerdo. Pero la parisina se ríe de eso, prefiere el misterio al exhibicionismo. O al menos es así como se consuela de una cierta falta de imaginación. Al igual que la Adjani, se contenta con añadir un accesorio a su estilo un poco demasiado sobrio, y «ponerse gafas oscuras para mostrar todo lo que quiero ocultar»

Vista por un novelista americano

«Atravesaron la ciudad en zigzag, bajo la favorecedora luz de la tarde. Las parisinas, ya bellas de por sí, lo eran más aún entonces.

»El restaurante donde les llevó Claire, en las calles estrechas del Barrio Latino, era exiguo y hervía de actividad, con las paredes recubiertas de baldosas marroquíes. Sentado junto al ventanal, Mitchell veía pasar a la multitud por la calle. En un momento dado, una joven de unos veinte años, con el pelo cortado a lo Juana de Arco, pasó justo por delante del ventanal. Cuando Mitchell la miró, ella hizo algo asombroso: le devolvió la mirada. Con una expresión abiertamente provocativa. No es que quisiera acostarse con él, no se trataba de eso. Sencillamente, estaba encantada de reconocer, aquella tarde de finales del verano, que él era un hombre y ella una mujer, y que, si él la encontraba seductora, a ella le parecía estupendo. Una americana jamás habría mirado así a Mitchell.»

La trama nupcial, de Jeffrey Eugenides

Las Simone

Todas las parisinas son una Simone en su recuerdo. La ciudad se divide en tres categorías distintas: las Simone Veil, las Simone de Beauvoir y las Simone Signoret. Las tres se frecuentan, se hablan, se aprecian quizá. Pero en el fondo, estiman que no son de la misma familia y prefieren aquellas con las que comparten un vínculo secreto de sangre. Sin embargo, son primas hermanas, y su lógica de clan es más un esnobismo que una verdadera pendencia. Me explico.

LAS SIMONE VEIL

Esta mujer era antes que nada una superviviente. Conoció los campos de Drancy, Auschwitz-Birkenau y Bergen-Belsen, de los cuales salió con vida, pero su nombre pasó a la historia el día que se despenalizó el aborto. Simone Veil, entonces ministra de Salud, combatió para ofrecer a las mujeres el derecho a decidir. Esa empresa le valió grandes amenazas de la extrema derecha que, desde luego, no la detuvieron.

Es el arquetipo de mujer inteligente que lucha por sus semejantes. Feminista, temeraria, inquebrantable, es el ídolo de las mujeres politizadas, consciente de los dolores del mundo. Arrastró tras ella una enorme retahíla de jóvenes diplomadas que pasaban los fines de semana engrosando las filas de manifestaciones acaloradas, el deporte nacional de Francia. Sin embargo, ocurre que el compromiso de algunas es sobre todo una manera de definirse, de adquirir estilo, como una adolescente puede volverse gótica.

LA CITA-MANTRA: *«Mi reivindicación, como mujer, es que mi diferencia se tenga en cuenta, que no se me obligue a adaptarme al modelo masculino.»*

LAS SIMONE DE BEAUVOIR

Encarna, en primer lugar, esa manera de amar tan francesa, esa forma de ser «la mujer de» sin desaparecer jamás bajo la silueta de aquel que han elegido. Aunque compartió la vida de Jean-Paul Sartre, dejó en nuestro país una huella indeleble, la de una escritora célebre y adulada. Era también feminista, un rasgo bastante clásico en la mujer francesa. Pero hay que decir que creció con un padre que le repitió, durante toda su infancia, como un cumplido maravilloso: «tienes cerebro de hombre, hija mía». Roja, comunista dura, se escondía también en ella una mujer amorosa que temía siempre ceder a los sentimientos. La obra que escribió sobre los últimos años de su compañero, *La ceremonia del adiós*, choca por la crudeza de los detalles que da. Es el modelo de amazonas seductoras a las que les gusta complacer sin parecer que se interesan demasiado en ese tipo de cosas.

LA CITA-MANTRA: *«Ella no buscaba el placer de los demás. Se encantaba, egoísta, con el placer de complacer.»*

LAS SIMONE SIGNORET

Es la heroína sacrificada, aquella que, a la manera de la pequeña sirena, daría todo lo que tiene, sus piernas, su voz, por el hombre que ha elegido. En su caso, se trataba de uno de los actores franceses más importantes de todos los tiempos, Yves Montand. Ambos con la imagen de más glamour de los años cincuenta. Ella, actriz, escritora, de mirada profunda, boca de carmín. Él, seductor de origen italiano con una sonrisa que desarmaba. Ella recibió el Óscar a la mejor actriz en Estados Unidos por *Un lugar en la cumbre*, en 1960. Pero esa carrera americana tuvo un reverso muy triste. El mismo año, su marido interpretaba *El millonario*, y todo el mundo sabía, ella incluida, que tenía una aventura con Marilyn Monroe. Sin embargo, Signoret no abandonó al hombre que la hería, sino que le esperó, aguantó, sufrió en silencio. Ese silencio no lo rompería hasta mucho más tarde. Después del regreso de Yves a su lado, tras la muerte de Marilyn. Ella diría, a

propósito de aquella mujer: «Lamento no haberle dicho nunca que no me gustaba». Todas las grandes sentimentales del país han sentido deseos alguna vez de tomar ejemplo de esta Simone, mártir del amor, cuya historia acabó bien: ambos reposan juntos para siempre en el cementerio Père Lachaise.

LA CITA-MANTRA: *«El secreto de la felicidad en el amor no es estar ciego, sino saber cerrar los ojos cuando hace falta.»*

En el campo

Al bajar del coche, un ligero malestar se apodera de ella. La parisina no conoce más que un sonido, el de sus tacones repicando sobre el asfalto, y le dan una cadencia sostenida a su vida. Ella se orienta con ese ritmo, metrónomo de sus días. En cuanto pone un pie en el campo y su suela se hunde en la hierba blanda, sabe que no está en su casa.

A decir verdad a ella no le gustan las verdes praderas más que en los cuadros, telas que siempre ha visto en el salón de sus padres, y con eso le basta. A cada paso siente que se distienden los hilos eléctricos que la unen a su mundo. No tiene cobertura. Internet, teléfono. Tiene calor, tiene frío, sufre las estaciones, teme oler a sudor. Entra en su zona de incomodidad. Para ella, el campo no es más que la suma de cosas que le faltan. Porque en el fondo le gusta lo natural, pero no la naturaleza. Si sus mejillas están rosadas, es solamente porque se las maquilla. Y si huele a flores es porque lleva un perfume a base de tuberosas. Sí, admite que su encanto es un poco falso, prefabricado. ¿Y qué?

Con paso menos sereno, se dirige hacia aquella casa que identifica como el edificio principal de una granja. O quizá no. A decir verdad, no está segura de nada. Toma conciencia de la vida que la rodea. Oye el ronroneo de un enjambre de avispas por encima de su cabeza. La música espantosa de esa naturaleza indócil la devuelve a su propia fragilidad. Una mosca se pasea tranquilamente por su blusa. Y, al quitarse los zapatos, camina sobre ortigas. Esa parisina a la que tanto gusta la idea de civilización, encuentra casi indignante que la naturaleza esté a sus anchas. Sí, quizá está exagerando, pero es la única arma que le queda para defender su personaje.

Se sienta en un banco justo delante del edificio y cierra los ojos, dejando que el viento acaricie su rostro. Cuando deja de refunfuñar mentalmente un instante, la invade un vértigo delicioso. Aprecia la sencillez de esos minutos en solitario. Incluso disfruta del espectáculo grandioso de un árbol centenario que no tiene nada que envidiar a ciertas catedrales. Pero eso no lo confesará nunca. Defender el campo sería como renegar de la ciudad, cambiar de religión y arriesgarse a ser excomulgada, convirtiéndose para siempre en una pobre parisina perdida en un campo de trigo.

LA MEJOR VERSIÓN
DE SÍ MISMA

A partir de una cierta edad, «cada uno tiene el rostro que se merece». Coco Chanel no se mordía la lengua... su crueldad es legendaria. Pero el imaginario parisino le da la razón.

En la calle, en el café, en el autobús, la cara de la gente cuenta una historia, como una bola de cristal donde se podría leer el pasado. Amores felices o frustrados, nacimientos, esperanzas y victorias, éxitos mezclados con accidentes de trayecto.

Esas expresiones y la manera en que cambiamos se convierten en nuestro carnet de identidad. Todo está ahí, a los ojos del gran público.

Tenemos suerte si al nacer nos toca una cara que nos conviene. O no.

Y la vida a menudo repara las injusticias. Esas chicas guapas que eran las reinas del instituto, a las cuales la vida se lo había dado todo y que vivieron de rentas, acaban eclipsadas por aquellas que menos habían imaginado. Las que han hecho de una diferencia una ventaja, una marca de fábrica. Y que como el vino bueno, han madurado bien.

Y aquellas han comprendido algunas cosas inmutables: de nada sirve nadar contra corriente, hay que acompañar ese movimiento.

Vale más tener tu propia edad que no tener edad. Desde hace tiempo se sabe que recurrir a la cirugía excesiva nos hace parecer más viejos, y no lo contrario. Es verdad que algunas personas dominan el arte del bótox, pero la mayoría del tiempo, no nos engañemos, más que una cara sin arrugas, lo que se ve es la cara del propio miedo.

Las mujeres parisinas no intentan parecer «otra cosa» que lo que son. Porque en realidad, más que querer parecer jóvenes (cosa ilusoria), su objetivo es convertirse en una versión maravillosa de sí mismas, tanto en el exterior como en el interior, independientemente de la edad.

La parisina no tiene en mente más que un solo mandamiento: «Aprovecha la cara que tienes hoy, porque es la que echarás de menos dentro de diez años».

Tomarte el tiempo de hablar con la vecina anciana, tomarte el tiempo de leer un libro, tomarte el tiempo de ir a trabajar a pie, en lugar de ir en metro, los días que hace buen tiempo, tomarte el tiempo de irte un fin de semana con los amigos, tomarte el tiempo de conocer a los demás, escucharlos, tomarte el tiempo de cambiar, de descansar, de decir que sí, de decir que no, tomarte tiempo para el silencio, para ocuparte de tu cuerpo, tomarte el tiempo necesario para comer bien, tomarte el tiempo para preguntarte quién eres, qué quieres, para llamar por teléfono a la abuela el día de su cumpleaños, para aclararte el pelo con agua fría, como ella te ha enseñado, para escuchar a tus niños, para respirar profundamente, para exprimir una naranja para el desayuno, para ir a un museo, para pasear por el bosque y oír los ruidos de los pequeños animales en la hierba, en verano, hacer un herbario con un niño, leerle un cuento, tomarte el tiempo.

Tomarte el tiempo para tener tiempo, ya que nadie te lo dará.

Y fantasear en el baño, como cuando eras niña.

TOMARTE
EL
TIEMPO

Joyas

Las parisinas llevan pocas joyas.

La inseparable. Cadena fina, anillo sencillo, joya de familia, lo más discreta posible, que se funde sobre la piel. Es una firma.

La pieza grande. Brazalete grande dorado, collar de piedras, las joyas más vistosas se guardan para realzar una ropa informal de día. O en la playa, con una piel un poco bronceada.

La teoría de los contrarios. Cuanto más «de vestir» es la ropa, menos joyas se llevan.

«Las joyas» de Baudelaire. «La más querida estaba desnuda, y conociendo mi corazón, solo llevaba puestas sus joyas.» Nos quedamos con la lección: en la cama, hay que dejarse las joyas puestas. Ya sea para dormir o para hacer el amor. Así se tienen bonitos sueños.

Lo verdadero falso. La bisutería se asume plenamente, se cultiva el arte de la pacotilla. Se lleva para salir, y porque nos da igual que nos la roben en el metro. Por el contrario, no se llevan cosas falsas que parezcan de verdad. Las imitaciones de joyería de lujo son impensables.

El reloj. Se considera una joya. Eso no quiere decir que tenga que ser caro. No, quiere decir que es bonito, antiguo o gracioso, que completa un atuendo, lo despierta, lo contrasta.

La historia. No hay que llevar demasiadas joyas, pero cada una de ellas debe tener su historia, joyas de familia, recuerdos de viajes. Son preciosas no por su precio, sino por su valor sentimental.

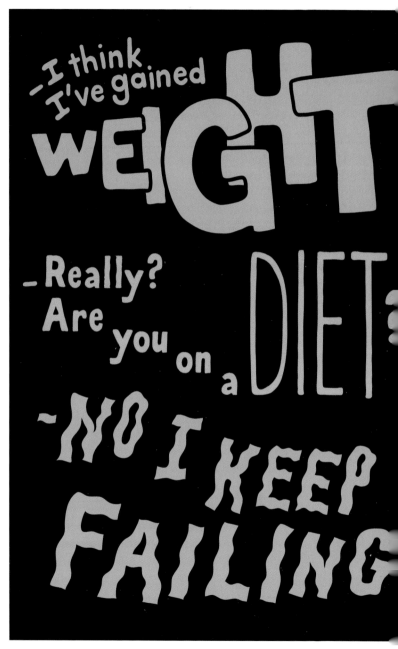

—Me parece que he engordado.
—¿Ah, sí? ¿Te vas a poner a régimen?
—No, no lo consigo.

- Are you WORKING OUT?

- Nope. I don't have

- SO what are you doing about IT?

- I'm going to buy myself a LONG COAT.

—¿Haces deporte?
—Tampoco. No tengo tiempo.
—Entonces ¿qué vas a hacer con lo del peso?
—Me voy a comprar un abrigo largo.

4

ATRÉVETE A AMAR

EL HOMBRE IDEAL

No está musculado. (Prefieres imaginártelo con un libro que en la sala del gimnasio.)

No va afeitado. (De tal modo que no sabes nunca quién es el hombre que hay detrás de la barba.)

Va limpio. (Pero se las arregla para que eso no se note demasiado.)

Es divertido. (Hasta que desaparece.)

Tiene ingenio. (Pero no tiene coche.)

Tiene atractivo. (Sin embargo, no lo hace aposta.)

Es mal chico. (Pero siempre se hace perdonar.)

No es perfecto, pero tiene la cualidad inmensa de existir de verdad.

TEXTO OPTIMISTA
SOBRE EL AMOR

Las historias de amor acaban mal, en general.

Conoces esa sentencia desde siempre, pero no solo eso: también te han insistido en que ibas a amar varias veces... ¿cómo podría ser el primero el bueno, entonces? Y te han repetido hasta la saciedad que a mitad del camino te sentirías tentada. Sin contar con que él también puede elegir.

Todo eso es cierto, sí. Estadísticamente, tienes más probabilidades de romper con él que de amarle hasta el fin de tus días. Y si él no te vuelve a llamar, es que no valía la pena, y que encontrará a alguien que le convendrá más. Mejor para los dos.

Pero ¿acaso la vida no está hecha de excepciones? No puedes tener certeza alguna (en el amor ni en ninguna otra cosa, en realidad) y el hombre ideal no existe. Es necesario que todos sean malos para que te fijes en el bueno, cuando se presente. Último lugar donde se admite la improvisación, el amor es lo único verdadero de tu vida en lo que no tienes elección. Esa es su maravilla y su magia que nunca pasa de moda.

La buena noticia es que entre tus diferentes historias (y también tus grandes momentos fallidos) has aprendido a conocerte y a ser más fuerte e independiente: a arreglártelas sola.

Y por tanto, no tienes necesidad de nadie para ser feliz. Pero con él, es verdad, es mejor.

En París, como en cualquier otro sitio, es bueno saber desechar las suposiciones para convertirte en una chica enamorada.

Las armas
verdaderas

De un cuento del psiquiatra
Milton Erickson

Milton Erickson (1901–1980) no era una parisina, sino un gran psiquiatra americano, especialista del comportamiento, la hipnosis y el tratamiento de las neurosis mediante terapia familiar.

En su infancia, una escena le marcó especialmente: unos granjeros querían hacer salir una ternerita pequeña de un establo. Pero la ternera no quería salir.

Los granjeros la tiraban de la cola para sacarla de su alojamiento, pero no había nada que hacer. El animal tiraba hacia el otro lado y no se movía.

De repente, uno de los granjeros tuvo una idea.

Bastó con tirar de la cola hacia el mismo sentido que el animal. La ternera de pronto cambió de opinión y corrió hacia fuera. Salió sola del establo.

Milton Erickson extrajo una verdadera lección sobre la psicología humana. Nos equivocamos a menudo, nos empecinamos en el error, mientras que a menudo nos bastaría con hacer exactamente lo contrario para obtener el resultado con el que contábamos.

Las auténticas armas de las parisinas en caso de conflicto amoroso:

LAS LÁGRIMAS

Determinadas mujeres piensan que sus lágrimas enternecen a los hombres. Quizá conserven la ilusión de que sus secreciones eran antaño un arma de chantaje eficaz ante sus padres.

Desengáñate si piensas que tus lágrimas son un signo vibrante de fragilidad. Deshazte de la idea de que son emocionantes. Llorar no es un arma, es ruido, es moqueo, es energía gastada inútilmente.

Salvo... si no lloras nunca. Entonces, si no lloras nunca, la única vez en que ocurra semejante cosa puedes estar segura de que lo tendrás rendido.

Pero cuidado: es un arma de un solo disparo. Elige el momento con mucho juicio, porque no tendrás una segunda oportunidad.

LOS CELOS

Los celos fastidian a todo el mundo: al que es sujeto de ellos y al que es objeto. En este juego no gana nadie.

La parisina no hace escenas ridículas, sino que oculta sus garras. Y mata al fantasma, en lugar de hacerlo existir. Exclama: «¡Pero esa chica no solo es guapa, sino que además es simpática e inteligente!». Validar el fantasma, ahí tenemos el modo más seguro de apagar el incendio.

Si el encantamiento perdura, si la situación es más arriesgada de lo previsto, invitemos a la adversaria a cenar en el domicilio conyugal. Metiendo al lobo entre el rebaño lo convertiremos en un corderito. Y el riesgo más grande que podemos correr es hacer una nueva amiga.

LA DENIGRACIÓN

Disminuir al otro para tenerlo más a tu merced: una auténtica idiotez. Hacerle comprender que cualquier paleto tomado al azar en la calle le da cien vueltas no sirve absolutamente de nada. Las palabras hirientes, desagradables, no hacen reaccionar a nadie. Lo que provocan es la huida. ¿Por qué quedarse al lado de alguien que tiene una opinión tan mala de ti? Pero si, por el contrario, le llenas de cumplidos sin parar, orgulloso y halagado en su vanidad, no tendrá más que un solo deseo: parecerse al retrato que le haces de sí mismo.

LA FAMILIA POLÍTICA

No hablar mal jamás de la familia política. Decir que la suegra es una mujer perfecta. Él nunca lo superará.

ENFURRUÑARSE

En Francia tenemos una expresión: «*l'auberge du cul tourné*» (el albergue del culo vuelto). Significa negarse al otro, darle la espalda, mostrarle solamente el espectáculo de sus nalgas.

Pero el problema es que poner mala cara es un castigo antes que nada para una misma. Enfadarse es una pérdida de tiempo, que vale más transformar en energía creativa. En lugar de poner mala cara, jugar a la mujer perfecta es un arma segura de desestabilización. Estar sonriente, chispeante, sensual... emprender el camino inverso del marasmo. Viendo lo que se arriesga a perder, las excusas y el mea culpa vendrán más rápido de lo previsto.

Arrugar juntos las sábanas (en lugar de arrugar al otro) permite estar más cerca de comprender las heridas recíprocas.

EL CHANTAJE DEL SUICIDIO

El chantaje emocional no sirve de nada. En cuanto al suicidio, nadie creerá que vas a hacerlo de verdad; no vale la pena tragarse una caja de píldoras homeopáticas; lo único que demostrarás es que no cumples tu palabra.

En lugar de prometer que vas a desaparecer para siempre, desaparece de verdad. Coge tranquilamente el bolso, en silencio, coge también las llaves, da un portazo y sal. Ve a dar una vuelta, ya sea durante una hora o una semana. Pon aire entre los dos, y silencio: apaga el teléfono. Respira y siente lo bonito que es estar viva.

ENAMORADA DEL AMOR

Imagínate un trozo de madera normal y corriente. Lánzalo a un lago helado. Espera un poco. Verás que día tras día se va recubriendo de una fina película de hielo. Tu trozo de madera brillará entonces con mil chispas, tan resplandeciente como una piedra preciosa. Habrá sufrido un proceso de «cristalización». En el amor ocurre algo parecido. A raíz de un encuentro, el objeto de nuestro amor se cubre con un barniz de perfección que lo vuelve extraordinario. Al menos así es como el escritor del siglo XIX Stendhal, en su libro titulado *Sobre el amor*, describía el estado amoroso. Según él, la cristalización es un estado pasajero, cercano a la locura obsesiva, donde el otro está idealizado. A menudo esta situación llega a su fin rápidamente. Pero en la parisina es distinto.

La «cristalización» es su enfermedad mental, que la obliga a hacer cualquier cosa:

Escribir cartas que no enviará nunca. ✻ **Gastar fortunas en ropa interior que no enseñará nunca.** ✻ Amar con la misma violencia a tres hombres en una semana. ✻ **Rechazar entrevistas de trabajo para atender una llamada que no recibirá.** ✻ Vivir en su cabeza con alguien de quien ni siquiera conoce el apellido.

Ese es el secreto de la parisina, el que le pone las mejillas rojas y la sonrisa en los labios. Su amor por el amor. Y si el objeto del amor cambia, si puede amar a este un día y a ese otro mañana, el sentimiento perdura. Es increíblemente fiel, pero no siempre al mismo hombre.

Los consejos de nuestras madres

Ellas los recibieron de sus propias madres, y nos los han transmitido a su vez desde que tuvimos edad de andar. Vinieron a nuestra vida primero como puntos de referencia, después guías y, al final, mantras. Y para ser sinceras, no siempre hemos estado de acuerdo con ellos, nos han puesto nerviosas incluso, porque en realidad no nos los creíamos. Al crecer hemos tenido que ceder a la evidencia: tenían razón...

Para transmitir, tengas o no tengas hijos:

* Tienes que estar siempre preparada, porque él puede aparecer al doblar la esquina.

* El amor solo no basta nunca. Hay que poner también esfuerzo.

* La edad no debe ser jamás una excusa para acostarse temprano.

* Sé independiente financieramente, y solo amarás por amor.

* Si no quieres amarte a ti misma siempre estarás enamorada. Si quieres amarte siempre a ti misma, nunca estarás enamorada.

* Si es el caballo ganador, vendrá al galope.

* Porque tengamos una sola vida no debemos tener miedo de estropearla.

«Los únicos ojos bonitos son aquellos que nos miran con ternura.»

—COCO CHANEL

ESE ALGO MÁS

«Estás embarazada». ¡Qué buena noticia! Pero en la gramática, como en la vida, la palabra «embarazada» es un adjetivo... no una definición. Te describe, pero no te define.

Te aprovechas de ese estado de gracia para experimentar con los escotes, porque eres una mujer sexy.

Sonríes beatíficamente en el metro, después te echas a llorar, antes de volver a reír. Eres una mujer a flor de piel.

Vas a H&M a comprarte ropa ancha y no pones los pies en las tiendas especializadas, porque eres una mujer moderna.

No te crees la octava maravilla del mundo, eres una mujer lúcida.

No cambias de amigas con el pretexto de que no tienen niños y que ya no te comprenden: eres una mujer fiel.

No describes a tus colegas tus problemas de estrías, porque eres una mujer pudorosa.

Tienes ganas de hablar de la última película que has visto, y no de técnicas de respiración preparto, porque eres una mujer de tu época.

Tienes miedo de no llegar, de ser una negada, de no tener ni idea, eres una mujer concienzuda.

Tienes momentos de felicidad tan grandes que crees que vas a explotar, eres una mujer enamorada.

No le cuentas a tu cuñado el terror que te da la episiotomía, porque eres una mujer bien educada.

No consideras que tu vientre prominente justifique todos los caprichos, eres una mujer adulta.

No compartes con todos la foto de la última ecografía, porque eres una mujer con su jardín secreto.

No organizas fiestas para el bebé, porque eres una mujer que no tiene necesidad de ser celebrada por el único motivo de haber tenido una relación sexual ocho meses antes.

Vas con tacones altos hasta la entrada a la clínica, porque eres una mujer tenaz.

Bebes Virgin Mary para reemplazar los Bloody Mary, pero tampoco crees ser la virgen (María).

No te culpabilizas por no tener ganas de ir al último curso de preparación para el parto, porque eres una mujer libre.

No te has definido por ese estado pasajero en tu vida. Ese estado te aumenta. Eres una mujer embarazada, lo que significa que sigues siendo, ante todo, una mujer. Pero con algo más.

LA FIESTA

Son las 22.59

Tienes los ojos enrojecidos por la pantalla, cuando apagas
el ordenador. Todos tus colegas se han ido hace rato.
En ese momento te gustaría que hubiese quedado al menos
un testigo, un alma viviente, aunque solo fueran dos manos
para aplaudir las hazañas de tu jornada. Cierras la puerta de
golpe y te subes a la moto. Quieres ver a gente, a cualquiera.
Vas a reunirte con una amiga poco fiable en una fiesta
improbable. Pero qué demonios, una fiesta es una fiesta.
Y cualquier cosa vale a esa hora en la que tienes sed de
multitudes y de historias arriesgadas.

Cuarenta minutos más tarde, tu vaso de plástico con champán y
tú misma habéis perdido vuestra soberbia. Estás plantada delante
de una biblioteca por la que finges interés.

—¿Qué tal te está sentando eso, Zelda? ¡Vaya nochecita!

Ese chico moreno que vuelve a la carga parece encantado de
verte desamparada. Intentas esquivarlo, desanimarlo:

—¿No tienes nadie más con quien hablar?

—Francamente, sí, pero las otras son mucho menos divertidas que tú. Ver a una chica sola en una fiesta, donde no conoce a nadie, ahí plantada delante de un montón de libros a medianoche, no tiene precio.

—Vaya, cuando alguien te gusta sabes qué decirle...

—¿Quién te ha dicho que me gustas?

El tipo es más astuto de lo que pensabas. No se equivoca, y los dos lo sabéis, pero prefieres darle pelea antes que confesarte vencida. Y estás sola, desesperadamente sola. La amiga con la que te ibas a encontrar se ha perdido por el camino. Cosa que no te sorprende: en París, de noche, cada uno va a la suya.

Te dices que la mejor manera de que te deje tranquila es callar, seguramente. Te pones a escuchar la conversación de dos chicas borrachas, justo a tu lado:

—Pero no lo entiendo...

—Te lo juro, es lo que me ha dicho: «¡te voy a descacharrar!»

—De verdad que se han vuelto todos locos...

—Sí, pero curiosamente, me ha excitado....

No tienes tiempo para meditar sobre esa pequeña poesía noctámbula. El chico pesado, al notarte distraída, vuelve a la carga.

—¿Siempre eres tan mala o es solo conmigo?

Le habrías echado simplemente de un revés cuando ves llegar a tu ex histórico. Ah, esta noche es tuya, pues. De repente tienes ganas de responderle, de hacer como si su conversación inteligente te interesara de verdad. Reinicias.

—Oye, ¿has venido a hablarme o a insultarme?

Él te mira y parece dudar un segundo.

—Lo único que he hecho es hablar tranquilamente con una chica que me gustaba.

—¡Ah, así que te gusto...!

Él se queda parado. Tú vuelves a tomar el control. Pero el ex te saluda desde lejos con una vaga señal de la mano (el muy grosero) mientras que su nueva amiga te ignora soberanamente y continúa su camino (la muy puta). En tu desgracia, te dices que el hombre que tienes al lado al menos ha tenido el mérito de servir para ocultar tu angustia (un valiente).

Ese momento es el que elige precisamente otro pesado para lanzar un ataque. Pero tú lo interrumpes antes siquiera de que tenga ocasión de decir una palabra:

—¡No, ahora no!

Y se va avergonzado, mientras el moreno, que sigue a tu lado, se ríe a carcajadas. No se ha perdido detalle de la ejecución.

—Las mujeres me hacéis gracia. Reivindicáis vuestro feminismo y la igualdad de sexos, pero cuando se trata de dar el primer paso, siempre es lo mismo.

Dispuesta para el combate final, te decides a liquidarlo de una vez por todas.

—Bueno, oye, no te conozco de nada, así que vamos a dejar este rollo, ¿vale? No se te ocurra echarme la culpa a mí de todas las veces que has fracasado en tu vida....

Él te mira. Una luz maligna atraviesa su mirada.

—No. De hecho eres tú quien me va a escuchar, guapa. Voy a explicarte lo que es ser un hombre. Quizá reacciones de una manera un poco diferente la próxima vez que un macho venga a hablarte, arriesgando su vida. Debes:

1. Encajar que te manden a paseo sin tomarlo de manera personal.

2. Volver al frente como si no pasara nada.

3. Buscar un sujeto digno de interés, aunque la chica que tienes enfrente mire en realidad a un tipo que tienes tú a la espalda. Un tipo con el que seguramente se ha acostado, pero que esta noche no se pelea para ocupar tu puesto

4. Seguir hablando con esa chica sin preguntar por qué ese otro chico no se pelea para ocupar tu puesto.

5. Y seguir siendo un caballero cuando esa chica, con tono perentorio, insulta a otro tipo que ha tenido la increíble audacia de acercarse a ella.

Entonces tú le miras y tienes la sensación de que ha jugado bien (y que quizá al final ese chico te guste, después de todo).

Él prosigue.

> —Y si perseveras y esa chica odiosa acaba por fijarse en ti, te dices que tendrás que asegurarte. Tú eres quien tiene la presión: deberás tener una erección. Esa vocecilla que conoces tan bien se despierta y te ordena: «Va, te toca jugar, venga, ¡ahora o nunca!». Y la vocecilla no se calla, una vez superada la angustia del gatillazo. Chilla más fuerte aún: «¡No! ¡no! ¡Todavía no, de verdad, no, no, no!». Tú aguantas lo que puedes, te empleas a fondo y acabas con tu deber, sin honor ni gloria, esperando que la chica no ponga mala cara después. Y eso es todo.

Y de repente comprendes que ese hombre merecería aplausos. Aunque solo fueran dos manos entusiastas para aplaudir rítmicamente. Como tú, porque has salido sola del despacho esa noche. Todos somos héroes incomprendidos, triunfantes de situaciones peligrosas sin recibir jamás medalla alguna.

El moreno te mira. Tú le sonríes. Te enciendes un cigarrillo para darte valor; das una calada, sientes que tu corazón flaquea.

> —No me jodas, ¿no habías dejado de fumar?

Te vuelves y ves a tu amiga, que ha llegado por fin. El moreno siente que está de más, se retira con dignidad. Tú dudas, pero decides plantar a tu amiga.

No, no acabarás sola en la cama esta noche.

SEXO DESPUÉS DE COMER

Estáis echados uno al lado del otro, recuperando el aliento. Sí, ahora sabes por experiencia que el amor cansa a los hombres. Lo aceptas tal y como es, en su condición de «post coitum animal triste». De ahí te viene la idea genial. Te vas a la cocina. Abres la nevera y coges todo aquello que te viene a la mano: un poco de queso, huevos, jamón. Preparas una tortilla, bates los huevos, añades sal, pimienta y un poco de leche. A fuego suave, fundes un poco de mantequilla y enseguida lo echas todo en la sartén bien caliente. Pones pan a tostar y abres una botella de tinto. Te apresuras, no sea que se duerma. Al lado del queso comté y del jamón dispones las tostadas, un vaso de vino y el plato, todavía humeante. Diez minutos más tarde, vuelves a la habitación.

Dejas sobre la cama la bandeja con la comida.

Él abre a medias los ojos.

La vida es bella.

ESTAR DESNUDA

Aunque ver un par de pechos en la prensa francesa es algo habitual y no choca ya desde hace la tira, la parisina sigue siendo púdica con su desnudez. Que un francés pintase *El origen del mundo* hace ciento cincuenta años no justifica pasearse en pelotas por ahí.

La desnudez debe seguir siendo una aparición. Como juego amoroso, nunca es por casualidad, y no debe ser ni banal ni elaborada, ni hay que darla por supuesta. Debe «querer decir» algo.

Así que cuando te paseas desnuda, te dejas ver, y el otro sabe que es intencionado. Provocas excitación. Aunque lleves mucho tiempo con alguien, no te encorves, anda erguida. Has aprendido a conocerte, a componerte con tus particularidades.

No eres la misma que la que va vestida: aquella a la que no le gustan sus nalgas camina como un cangrejo, pegada a la pared, pero enseña los pechos. Aquella que tiene las piernas un poco cortas o el muslo un poco largo va andando de puntillas. Aquella a la que no le gustan sus tetas... va a que se las arreglen. Pero mientras espera, se cruza de brazos en la cama y prefiere estar de espaldas.

En resumen, no eres partidaria del culto al cuerpo perfecto, pero haces lo que puedes con lo que te ha dado la naturaleza.

PANDILLA DE CHICAS

Visto desde fuera, podría parecer que las parisinas no se entienden entre ellas.

Al menos a priori, dos parisinas en la misma habitación significa que hay una parisina de más. A menudo, en su primer encuentro, se juzgan, se evalúan y se fusilan con la mirada, dando a la escena un ambiente de película del oeste moderna. Pero esa hostilidad no dura demasiado tiempo.

Es difícil decir si es por oportunismo, sentido práctico, feminismo curtido o auténtica afinidad, pero el caso es que la parisina va siempre en pandilla. Le gusta crear pequeñas células sólidas donde las cualidades de cada una se suman, de tal modo que el grupo mismo se vuelve más deseable y seductor que uno solo de sus miembros.

La parisina, tan segura de sí misma, ha comprendido, como los demás, que tiene necesidad de mujeres en su vida. Amigas de la infancia que pierde de vista, y luego vuelve a recuperar. Amigas que frecuentaba en el instituto, y que han sido testigos de sus primeras veces (besos, novillos, desaires, píldoras del día después). Y luego las amigas definitivas, esas con las que se puede contar para siempre, esas en cuya casa apareces con una maleta bajo el brazo cuando te dejan plantada. Aquellas con las que decides que debéis tener hijos en el mismo momento, quizá a falta de poderlos hacer juntas.

La parisina, sin su pandilla, está incompleta.

ESE HOMBRE QUE NO TENDRÁS NUNCA

Conoces a un hombre desde hace mucho tiempo.

Lo encuentras guapo. Divertido. Malote y mujeriego.

Te gustó en el mismo momento en que tus ojos se posaron en él.

Él te adora. Tú eres la única mujer que le comprende. La única mujer digna de ese nombre. La única que podría encontrar algo de favor a sus ojos. En resumen, la única a la que quiere, después de su madre, claro.

Todo iría bien, en un mundo ideal. Sin embargo, ese hombre no te ama. Te adora, pero no está enamorado de ti.

Por extraño que pueda parecer, a pesar de tus innumerables cualidades, no se le ocurrirá jamás acostarse contigo. Ni casarse. Ni tener hijos. ¡Ni siquiera te dará un beso!

Tu madre sueña que te casas con él. («Espera a que tú te decidas, desde luego.»). Tus mejores amigas te empujan a emborracharlo para que se desinhiba. («¡Es que es tímido!») Tu vecino te aconseja llamar por teléfono desnuda delante de él. («Es la mejor prueba para saber si es gay»).

Pero él no es tímido, ni está hechizado, ni es gay. No, no, no. Escucha este buen consejo, porque las amigas parisinas nunca te harán creer lo que no es: si no ha pasado nada hasta el momento es porque ese hombre jamás querrá nada contigo. Es injusto, y no hay ningún motivo racional ni explicable. Es así. Pierdes el tiempo. Vuelve a vestirte y pasa a otra cosa.

MATRIMONIO
A LA PARISINA

Estadísticamente, las parisinas se casan poco.
Pero viven largo tiempo en pareja, e incluso tienen hijos.

El matrimonio no es una tradición en la capital francesa, ya que las parisinas prefieren «sentirse libres», «no tener necesidad de firmar un contrato administrativo para probar su amor», «no tener ganas de mentir jurándose fidelidad». Porque, ¿quién puede predecir el porvenir?

Una vez dicho esto, en realidad, todas las parisinas sueñan con su matrimonio. Lo tienen en la cabeza, en proyecto, en sueño, en idea... Por extraño que pueda parecer, están obsesionadas por el arquetipo ideal del «día más bonito de tu vida». Porque no hay que olvidar que son gente con unos gustos muy raros: las vuelven locas los caracoles....

LA PETICIÓN DE MATRIMONIO

Ocurre a menudo que la propia parisina es la que pide en matrimonio. Evidentemente quiere, como todo el mundo, que ese momento sea único y original. Pero no hay que temer que su futuro marido se atragante con un anillo escondido en un macaron, porque prefiere las puestas en escena mucho más directas.

—¿Puedes recordarme tu segundo nombre?

—Marcel y Jean, de mis dos abuelos, ¿por qué?

—Porque estoy en el ayuntamiento, reservando una fecha para la boda. Espero que no tengas inconveniente...

LA *WEDDING PLANNER*

Como ya es mayorcita para vestirse sola, hacer niños ella sola, cantarle las cuarenta a sus padres ella sola, enfrentarse a enfermedades, jefes, injusticias y mil responsabilidades más completamente sola, a la parisina no le apetece lo más mínimo tener a una loca histérica frustrada pegada a sus talones para decirle cómo tiene que organizar su matrimonio.

—Querida, ¿estás segura de que el 27 de diciembre es una buena fecha para casarse?

—¡Sí! Así será la única velada bonita que pasaremos con tu familia, en las vacaciones de Navidad.

—Ah, claro, visto así..

LA DESPEDIDA DE SOLTERA

Evidentemente, no hay que pensar siquiera en organizar una «DDS», porque la parisina no es una chica soltera desde hace mucho tiempo. No quiere ni oír hablar de ir a pasar un fin de semana al sol, de ritos de iniciación humillantes, fotos de recuerdo o viajes en limusina. Invita solamente a sus amigos más íntimos (hombres y mujeres, ya que resulta que su mejor amigo puede ser su ex) a una bonita brasserie a la antigua. Allí, todo el mundo beberá champán y degustará su *andouillette* AAAAA. Y con eso basta.

—¡Levantemos la copa a la salud de la futura novia!

—¡Chin, chin!

—Pero de hecho... ¿por qué quieres casarte?

—Porque es más fácil, si un día decido divorciarme.

EL TRAJE DE NOVIA

No es cuestión de parecerse a un merengue. La parisina se casa con un smoking negro o azul marino. Con un vestido de alta costura vintage. O, en pleno invierno, con un enorme abrigo de piel blanca. Sabe exactamente lo que quiere, y no monopoliza el precioso tiempo de sus amigas para que la acompañen a hacer sus compras.

—Ah, pues le queda muy bien. ¿Es para una ocasión especial?

—Es para mi boda.

EL ANILLO DE BODA

La parisina sueña con un anillo muy sencillo, sin perifollos ni diamantes. Un anillo de familia con un valor muy sentimental será lo más adecuado. O un anillo de cobre comprado por cuatro chavos en un viaje por ahí con su enamorado. No quiere cargar su silueta con un grueso pedrusco de un precio disparatado.

—¿No llevarás la alianza todos los días?

—¿Y qué más? ¿Cambiarme el apellido y ponerme el de mi marido? No hay que exagerar...

—Pero entonces, ¿por qué te casas?

—Sueño con poder responder al teléfono diciendo: «no cuelgue, le paso a mi marido».

EL LUGAR DE LA BODA

En París. Evidentemente. En la alcaldía de su distrito; después, en un lugar de culto, si es creyente. El «vino de honor» se da en un bistrot que ella conoce bien, en una placita muy bonita de la capital. Nada de castillos en Lorena ni de casa solariega alquilada en Borgoña. Por la noche, sacrifica alegremente su pequeño apartamento decorado con flores blancas para la ocasión, organizando una fiesta enorme con todos sus amigos y amigos de amigos. Numeritos, canciones, proyecciones de vídeo y otros rituales de ceremonia están formalmente prohibidos. Ese día todo es improvisado... incluso los discursos.

LOS INVITADOS

No invita más que a los que quiere invitar, es decir, no más de una veintena de personas. En primer lugar, no tiene medios para alimentar a todo el mundo, y no ve por qué tiene que pedir a sus padres o a sus suegros que participen en los gastos de su matrimonio. Y mucho mejor así, ya que en ese caso, no se siente obligada a invitar ni a sus suegros ni a sus padres. De todos modos tampoco les ha dicho nada...

—Pero ¿te has casado? ¡Ni siquiera lo sabíamos!

—¿Acaso invitaste tú a tus padres cuando te casaste con papá?

—¡Ya habían muerto!

—¿Ves por qué no os he invitado? Siempre tienes que hablar de tus desgracias.

EL VIAJE DE NOVIOS

En lugar del viaje de novios clásico, la parisina se ofrece a sí misma una noche en un lujoso hotel parisino, Le Pavillon de la Reine, por ejemplo, con vistas a la Place des Vosges. Su traje de novia secreto es la ropa interior de seda que se ha comprado. Vuelve al día siguiente a su casa descalza, como una verdadera cenicienta. Con su príncipe encantador cogido del brazo.

HABITACIONES SEPARADAS

Las habitaciones separadas casi no existen ya. Hace algunos decenios nuestros abuelos dormían aún de esa manera, con sus cuerpos sabiamente separados por sólidos tabiques y un cierto pudor. De pequeñas, esa práctica nos parecía arcaica, anticuada y rara. Después nos hemos hecho mayores y hemos descubierto dos cosas: primero, que la pareja a veces tiene necesidad de espacio para amarse mejor. Pero también que los alquileres de hoy en día no permiten tener dos habitaciones para resucitar ese concepto. Las habitaciones separadas se han convertido en una simple idea. No se trata en realidad de crear dos espacios distintos para el hombre y la mujer, sino más bien de conseguir dormir uno lejos del otro, para echarse de menos. A veces forzamos una situación. Nos vamos al campo porque nos da la ventolera, nos quedamos más tarde de lo previsto en casa de una amiga, arreglando el mundo, y luego decidimos de improviso quedarnos a dormir con ella. O hacemos lo posible para irnos de viaje de trabajo. Fabricando esa obligación profesional que nos separa un tiempo para volver con más ganas al otro, la impresión de rutina mengua. Solo para que él nos llame y oírle decir: «sin ti, hace frío».

«Aférrate a tu suerte, abrázate a tu felicidad y corre hacia el riesgo. Al verte, los demás se acostumbrarán.»

—RENÉ CHAR, *LOS MATINALES*

—¿Me quieres?   —¿De verdad?
—Sí.   —Pues claro.

FOREVER?

YES my Love.

EVEN When I'm OLD,

FAT and UGLY?

EVEN

WHEN YOU'RE OLD, FAT AND UGLY.

DIRTY LIAR.

—Para siempre?
—Sí, amor mío.
—Hasta cuando sea vieja, gorda y fea?

—Hasta cuando seas vieja, gorda y fea.
—¡Mentiroso de mierda!

5

ALGUNOS CONSEJOS PARISINOS

To Do List

CÓMO PASAR UN DÍA PARISINO

Dar un beso al camarero del café que está debajo de casa, antes de ir a trabajar.

No desayunar.

Leer el periódico, comiendo sola, a la hora del almuerzo.

Escuchar la radio en la cocina, preparando la cena.

Beber al menos una copa de vino tinto entre las 19.30 y las 22.30.

Haber oído una frase bonita al hacer las compras y anotarla en una libreta.

Antes de salir, perfumarse, en especial la nuca y las muñecas.

No cambiarse de zapatos, dispuesta a sufrir cogiendo el metro con unos tacones de 10 cm.

Decidir cambiar de sitio todos los muebles.

Decidir hacerlo mañana, mejor.

Darte cuenta de que estás enamorada, pero es imposible.

Acostarte con todas las joyas puestas. Pero habiéndote desmaquillado cuidadosamente.

CÓMO PASAR UNA SEMANA PARISINA

Ir a provincias por algo de trabajo. Jurarse no vivir jamás allí.

Ver una película antigua en el sofá con tu mejor amiga. Pero no en la cama. Los parisinos se niegan a tener una televisión en el dormitorio.

Organizar una cena parisina.

Hablar a todo el mundo con el mismo tono: a tus padres, al taxista, al jefe, a una famosa con la que te cruzas una noche, a un vendedor de periódicos de la calle.

Pasar la velada del sábado un miércoles por la noche.

Darte el lujo de un bonito ramo de flores para decorar el apartamento.

Anular la sesión de gimnasio para tomar unas copas con tu mejor amiga, a la que acaban de plantar.

Encontrar que es genial que te planten, porque volver a enamorarse hace perder el apetito, y por tanto calorías. Y no hace falta ir al gimnasio.

Ir a ver al psicoanalista.

Vender un par de zapatos por e-bay para pagar al psicoanalista.

Preguntarte qué significado lacaniano establecer entre tu complejo de Edipo y el hecho de vender los zapatos para pagar al psicoanalista.

CÓMO PASAR UN FIN DE SEMANA PARISINO

Prometerte no salir el viernes por la noche, para poder descansar.

Ir solo a tomar una copita como aperitivo, y luego verte arrastrada al restaurante y acabar, a pesar de ti misma, bailando en la discoteca.

Felicitarte de salir siempre con ropa interior bonita, por lo que pueda pasar.

Despertarte el sábado por la mañana en la misma cama que tu mejor amigo, encadenar con una larga discusión sobre «lo que está en juego», los «pormenores» y el «subtexto» de una situación.

Otra posibilidad: despertarte en el mismo edificio, con la misma vista que en tu casa, pero un poco más abajo. Darte cuenta de que estás en la cama del vecino de abajo.

Comer croissants y pan con mantequilla porque, mierda, es sábado por la mañana, y el día antes ya quemaste bastantes calorías.

Aceptar hacer deporte (un poco), pero solo en sitios «bonitos»: correr en un bonito parque público, nadar en una piscina que sea monumento histórico.

Hacer la compra del domingo por la mañana con una cesta de mimbre. Preparar un desayuno estupendo con verduras, pan recién hecho y mantequilla salada.

Hacer la siesta el domingo por la tarde porque sí. Ya sea al mismo tiempo que tus hijos o que tu enamorado reciente.

Invitar a los amigos a cenar para luchar contra el muermo del domingo por la tarde.

Si los amigos no vienen, cenar una rebanada de pan con camembert y una botella de Burdeos muy bueno... para luchar también contra el muermo del domingo por la tarde.

Prometerte pasar el fin de semana siguiente en el campo.

Do It Yourself

Lleva siempre contigo un trocito de París.

EL
ABECÉ DE LA
ADÚLTERA

Regla úmero uno: negarlo todo, siempre.

No te sientas culpable. Lo haces por ti, no contra él.

Lo que te va bien a ti, va bien a tu pareja, así que tú eres solo una chica atenta.

Tu amante no debe ser del círculo íntimo de tu pareja. Puedes engañar a tu chico, pero no debes ponerlo en ridículo. Su honor cuenta tanto como tu expansión personal.

Registra el número de tu amante bajo el nombre: «número desconocido».

O bien regístralo con el nombre de tu mejor amiga (que en estos momentos está muy mal la pobre)...

No hay secreto que no se transmita. Todo acaba por saberse siempre. En este caso, volver a la regla nº 1.

Protégete: de las enfermedades y del amor, que también es una enfermedad.

No hables mal jamás de tu marido a tu amante. ¿Quién tiene ganas de hacer el amor con la compañera de un tipo mediocre?

No trates jamás a tu amante como a tu marido.

Y haz una transferencia de clandestinidad: engaña a tu amante con tu marido.

El arte de
hacerle creer

Cómo hacerle creer que lo necesitas.

Sí, sabes abrir tú sola una botella de Burdeos.

Pero deja que lo haga él. Eso también es igualdad de sexos.

INELUDIBLES DE LA COCINA FRANCESA

La parisina conoce bien los clásicos. Y como no tiene tiempo nunca de suspender una cena, utiliza algunos «trucos» que no confía a nadie.

LAS CRÊPES

Las crêpes son la especialidad de una región francesa llamada Bretaña. Pero todos los franceses las hacen para sus hijos el día de la Candelaria (2 de febrero). Se respeta la tradición de hacerlas «saltar» en el aire, para diversión de todos cuando aterrizan en la cabeza, y no en la sartén.

Con azúcar y naranja, se encuentran en las brasseries parisinas bajo el nombre de «Crêpes Suzette».

INGREDIENTES

250 gramos de harina
3 huevos
1 cucharada sopera de aceite (de girasol, no de oliva)
3 cucharadas soperas de azúcar (que puede ser avainillado)
1 pizca de sal
1 ó 2 cucharadas soperas de agua
½ l de leche
½ vaso de cerveza

Para 4 personas
Preparación: 10 m
Reposo: 1 h
Cocción: 4 m por crêpe

Poner la harina en una ensaladera.

Truco 1: *Para que no queden grumos, la harina debe tamizarse antes con un colador pequeño.*

Hacer un hueco en el centro y cascar ahí los huevos (enteros), echar el aceite, el azúcar, la sal y el agua. Mezclar lo mejor que se pueda con una cuchara de madera. Mojar progresivamente con la leche, hasta que la pasta sea homogénea.

Truco 2: *Añadir medio vaso de cerveza a la pasta le dará una consistencia maravillosa (el alcohol se evaporará durante la cocción).*

Incorporar la cerveza y dejar reposar 1 hora cubierta con un trapo limpio o una servilleta.

Después, calentar una sartén grande y pasar por ella un trapito empapado de aceite. Con un cucharón, echar la masa de manera que tenga entre 2 y 4 milímetros de espesor. Dejar cocer en torno a 2 minutos de un lado, dar la vuelta a la crêpe y cocerla 2 minutos más del otro. Si te sientes con ánimos, intenta hacerla volar por el aire con un golpe de muñeca. Si no, dale la vuelta con una espátula.

Truco 3: *La tradición quiere que se sujete en la mano una moneda para aportar prosperidad a la casa.*

¡Y ya está! Se come la crêpe doblada en dos o en cuatro, espolvoreada de azúcar, rellena de mermelada, crema de marrón glacé, nata... Todo está permitido.

LAS ISLAS FLOTANTES

Aquí tenemos un postre genial, fácil de preparar y «ligero». Muy agradable después de una comida un poco copiosa. Lo sirven en las brasseries parisinas con caramelo y almendras laminadas.

INGREDIENTES

1 vaina de vainilla
½ l de leche
6 huevos, yemas y claras separadas
160 gr de azúcar
1 cucharadita de café de harina
1 pizca de sal
Caramelo (envasado o hecho en casa)

Para 6-8 personas
Preparación: 20 m
Cocción: 15 m
Reposo: 10 m
Tiempo total: 45 m

Preparar la crema inglesa. Hervir la leche con la vaina de vainilla partida en dos. En cuanto hierva, apagar y retirar la vainilla.

Truco 1: *Si no tenemos vainilla en vaina (que es muy cara) la sustituiremos por esencia de vainilla o azúcar avainillado.*

Aparte, batir las yemas con la mitad del azúcar (80 g) hasta que la mezcla blanquee y quede esponjosa. Añadir la leche caliente y volver a poner a fuego suave, para que espese la mezcla.

Truco 2: *Añadir una cucharadita de harina a la preparación para que quede más espesa.*

Añadir la harina y agitar sin parar con una cuchara de madera y sin que hierva la crema. Esta está lista cuando desaparece la espuma blanca de la superficie. Meter en el frigorífico en cuanto se enfríe. Mientras tanto, preparar las islas. En una cazuela grande, poner a hervir 2 litros de agua. Montar las claras a punto de nieve con un pellizco de sal, hasta que las claras se aguanten firmes, añadiendo suavemente 30 g de azúcar. Formar bolas de clara de huevo con una cuchara sopera, echarlas delicadamente en el agua, sacarlas con una espumadera y depositarlas sobre un papel absorbente. Contar de 1 a 2 minutos por isla. Están listas en cuanto las claras se solidifican, pero cuidado, no hay que dejar que se queden secas. Ya se pueden servir.

En unas copas llenas de crema inglesa, depositar una o dos islas y luego rociarlas con caramelo líquido.

Truco 3: *Si se hace el caramelo en casa, utilizar cinco terrones de azúcar por una cucharada sopera de agua. Añadir un buen chorro de limón. Cuando empiece a ponerse moreno, añadir algunas gotas de vinagre para que no se queme.*

SALSA MAYONESA

La tradición asegura que una mujer que tiene la regla no conseguirá que suba jamás la mayonesa... no está verificado. La mayonesa es una delicia, un regalo que se degusta con un simple huevo duro, unas verduras crujientes o algo de marisco.

INGREDIENTES
1 yema de huevo
1 cucharada sopera de mostaza fuerte
1 chorrito de vinagre (o de limón)
10 cl de aceite neutro
sal y pimienta recién molida

Preparación: 10 minutos

Mezclar en un recipiente bonito y ancho la yema de huevo, un poco de sal, pimienta y la mostaza. Batir con una batidora eléctrica, echando poco a poco el aceite. Se dice que hay que «subirla» poco a poco, dejando que se espese. Es decir, que se añade el aceite progresivamente, siempre al hilo, sin dejar de batir. Acabar con el vinagre (o el limón). Se puede perfumar la mayonesa añadiendo al final un poco de nuez moscada, pimentón o incluso azafrán.

Truco 1: *Hay que sacar los ingredientes antes del frigorífico, ya que deben estar a temperatura ambiente.*

Truco 2: *La mayonesa puede conservarse 24 horas en el frigorífico, a condición de haberla recubierto con papel film, que debe «tocar» la mayonesa. No guardar más de 24 horas.*

LA VINAGRETA

Tantas recetas y variantes... cada uno tiene la suya. Están los que añaden mostaza antigua con grano, los que añaden salsa de soja, los que añaden un poco de azúcar, los que ponen un poco de chalota o solo la hacen con vinagre balsámico. No importa; solo hay que respetar el orden.

INGREDIENTES
Sal, pimienta
1 dosis de vinagre
1 dosis de agua
2 dosis de aceite
Pimienta

Mezclar todos los ingredientes en un cuenco.

Truco: *Primero la sal, después el vinagre, el agua, el aceite y finalmente la pimienta. ¡No en otro orden!*

A continuación se puede añadir lo que se prefiera, al gusto: perejil, cebollino, wasabi...

MONTAR
UNA MESA

Para montar una bonita mesa, no hay que invertir en un servicio completo. Toda decoración «temática» está prohibida (lentejuelas, piedrecillas de adorno, falsos pétalos de flores, etc), porque no se trata de disfrazar la mesa. Simplemente, hay que vestirla. Nada de ajuar coordinado; por el contrario, los elementos pueden estar desparejados, encontrados en un mercadillo o en internet.

No es nada grave si las copas son distintas entre sí, pero deben ser transparentes (nada de colores) y todas con pie.

Para las servilletas, es bonito usar pañuelos blancos bordados con las iniciales. No cuestan nada en e-bay, o bien sacándolos de los cajones de la abuela.

Las servilletas no hay que plegarlas en forma «origami», sino que se colocan por debajo o por encima del plato.

Veréis en las mesas francesas unos cuchillos que se llaman «Laguiole», por el nombre de un pueblo francés especialista en cuchillería. Se los puede reconocer por el pequeño insecto que hay en el canto.

Obviamente hace falta un mantel, excepto si vuestra mesa es de una madera muy bonita. Las sábanas de lino de las camas de nuestras abuelas hacen maravillas. Pueden dejarse blancas o teñirlas.

Encima de la mesa se pone una botella de vino abierta y una jarra de agua (nada de botellas de plástico). Si no tenéis salero, poned la sal en copitas pequeñas, en los dos extremos de la mesa. Los enormes pimenteros de madera se llaman «Rubirosa», por el nombre de un play-boy dominicano, y son los mejores.

POPURRÍ

* Una postal enviada unas vacaciones, que puede ser una vista desértica de Formentera o la villa Malaparte de Capri.

* Un artículo de periódico recortado... con un título gracioso.

* Una foto sacada de una película de culto, recortada de un libro o de una revista.

* Fotos. Fotos tuyas (pero no favorecedoras, en plan «¡mirad qué guapa que soy!»). Una foto de ti misma de niña, una foto instantánea tuya un poco borrosa, o una serie de fotomatones en blanco y negro.

* Entradas de cine de películas que te han encantado.

* Entradas de exposiciones que te han encantado.

* Invitaciones al cóctel anterior a la boda de tu mejor amiga.

* Imágenes que te gusten (entradas de conciertos, tarjetas recogidas aquí y allá...)

* Un viejo carnet de identidad, o tu antiguo permiso de conducir.

* Una cita, un poema, una carta manuscrita que te haya conmovido.

* Una foto en blanco y negro que compraste en una tienda de viejo, o que pertenece a tu familia.

* Conchas encontradas aquí y allá.

* Objetos de tu vida que te acompañan y te ofrecen ternura cuando los miras, ya que representan tu historia.

LA GALANTERÍA

Ser feminista y que te guste la galantería no es incompatible necesariamente, al contrario. Hacer esfuerzos, ser atento: no es difícil y cambia mucho las cosas. ¡Qué felicidad, un poco de amabilidad y atención en este mundo lleno de brutos! Consolado por su aspecto caballeresco, el hombre se vuelve más hombre, y la mujer más mujer todavía.

Por lo tanto, es normal que:

Te sujete la puerta.

Te lleve los paquetes y la maleta, porque una mujer solo lleva su bolso.

Te sirva la bebida y tú no tengas que tocar la botella. Ya le va bien, porque así te emborracha antes.

Te acompañe y espere a que hayas entrado. Aunque haya intentado subir a tu casa y tú no hayas querido. Hacerle esperar un poco, un poquito solo, no ha hecho nunca daño a nadie.

LA LUZ

Trabajar la iluminación de tu apartamento es más importante que haber comprado el sofá adecuado, o la última pintura a la moda de la casa Farrow & Ball. De manera general, la decoración y la vida del apartamento se organizan en torno a la luz del día. Es ella la que dicta la disposición de tu interior y regula la pulsación de tu casa.

Piensa en la luz igual que te maquillas, y guarda la luz amortiguada para suavizar los contornos. Se destierra el neón, salvo como pieza decorativa. La idea es crear un ambiente cálido y romántico, con la ayuda de diversas fuentes luminosas. Y multiplicar las atmósferas.

La cocina: es una pieza estratégica, ya que la parisina tiene ahí su salón. Si tienes sitio, crea dos ambientes: por una parte, el rincón para cenar, donde la luz suave está pensada para discutir y para seducir; por otro lado, la del plano de trabajo, con una luz más intensa para preparar tu pierna de cordero sin cortarte un dedo.

El salón: aprende a diseñar rincones, porque el espacio así parece más grande. No pongas un plafón grande, más bien ilumina con lámparas pequeñas, a menos que hayas heredado de tu abuela una lámpara de techo magnífica, que llenarás de bombillas de baja potencia. También puedes desperdigar unas velas por aquí y por allá. Pero nunca en la mesita baja, porque las luces desde abajo no favorecen, resaltan las ojeras y la sombra de la nariz te hace bigote.

El dormitorio: la luz debe estar tamizada. Olvidémonos de la luz directa, que acentúa los relieves y la celulitis. Las únicas fuentes luminosas son las del armario y las de la lámpara de lectura, que no es una luz cruda, ya que te estropearía la vista.

El cuarto de baño: esta habitación es tu mejor amiga. No debe desmoralizarte: elige una luz que engañe, que te asegure que todo va bien.

JUEGOS DE SOCIEDAD

No hay casino en París... está prohibido por la ley. Para compensar, a los parisinos les gustan los juegos de sociedad, es una auténtica tradición. Se juegan en general en torno a una mesa, después de una cena o de una copa entre amigos (cuantos más, mejor).

MODO DE EMPLEO

«Yo nunca he...»

Número de jugadores: mínimo 2
Material: vasos llenos de líquido, que se beben con o sin moderación

El primer comensal empieza por confesar algo que no ha hecho nunca. Por ejemplo: «yo nunca he... hecho el amor con un desconocido». Si esa afirmación es verdadera, no hace nada. Si es falsa, bebe de su vaso (de agua, claro) para señalar que ha mentido. En ese mismo momento, todos los demás jugadores deben responder también. Es decir, deben beber o no de su vaso, dependiendo de si han hecho (o no) la acción mencionada. Después se pasa al vecino, que debe anunciar a su vez «yo nunca he...». Y así sucesivamente.

Por lo general, la temperatura sube rápido.

«*El juego del libro*»

Número de jugadores: mínimo 2
Material: un libro

Se trata de un juego «adivinatorio».

Hay que coger un libro, ya sea una novela o un ensayo, da igual.

El primer jugador se levanta y pide a uno de los comensales que haga una pregunta sobre su vida, como si se dirigiera a un vidente. Después, pide al comensal que elija: «¿por delante o por detrás?».

Si el comensal elige «por delante», el jugador hojea el libro empezando por la primera página.

Si el comensal elige «por detrás», por la última página.

A continuación, el comensal dice «stop», para detener el hojeo del libro al azar.

El comensal debe elegir entonces «derecha o izquierda», para definir la página sobre la que se encuentra su famosa predicción.

Y al final da una cifra entre el 1 y el 30.

Si el comensal responde 14, el jugador debe entonces leer en voz alta la línea 14 del libro. Esta se supone que dará la respuesta a la pregunta que se ha hecho. Misteriosa a menudo, esta respuesta la analiza el conjunto de los participantes. Después se pasa al comensal siguiente.

«El juego del diccionario»

Número de jugadores: 4 mínimo
Material: papel, bolígrafos, un diccionario

Un jugador elige en el diccionario una palabra que supone que desconocerá el conjunto de los jugadores. La lee en voz alta.

Cada uno debe inventar entonces, escribiendo con el estilo del diccionario, la definición de esa palabra, y escribirla en una hoja de papel. El jugador que ha elegido la palabra recoge todas las respuestas y las añade a la definición verdadera, que ha copiado antes. A continuación, lee todos las diferentes definiciones escritas por cada uno, entre las cuales ha introducido la auténtica. Los jugadores deben votar entonces, cada uno por turno, por aquella que les parezca la más creíble.

Los que hayan acertado la buena, ganan un punto. Y aquellos por los cuales han votado los demás jugadores, es decir, los que han escrito una definición que ha engañado mejor a los demás, ganan dos puntos. El ganador es el que consigue más puntos.

«El juego de la novela»

Número de jugadores: 4 mínimo
Material: papel y bolígrafos, varias novelas

Mismo principio que el juego del diccionario. Pero se toma una novela de la que se lee la primera frase. Y los jugadores deben intentar averiguar cuál es la última frase del libro.

Pequeños lujos esenciales

La parisina gasta como si hiciera régimen: cuanto más estricta es consigo misma, más le pasa que fracasa por completo. Decide entonces hacer una excepción merecida, estimando que tiene absoluta necesidad de uno de los objetos inútiles de esta lista:

* Un ramo de azucenas blancas. Las flores se las compra ella misma.

* Un libro antiguo. El contenido es el mismo que en una edición más reciente. Y sin embargo, no proporciona exactamente el mismo placer.

* Un plato de erizos. Muy baratos en el sur de Francia, son en cambio muy caros en París, lo que les da un sabor particular.

* Un par de gafas de sol enormes, para ocultar los ojos cansados al día siguiente de una fiesta.

* Un masaje con aceites esenciales. Porque no se trata en realidad de un lujo, sino más bien de un gasto de salud.

* Un artículo raro encontrado en e-bay que no hay que dejar pasar.

* Una noche romántica en un hotel. El amor no tiene precio.

* Una vela bonita. Estás en tu casa como si fuera un hotel, cuando en realidad el hotel a veces está por encima de tus posibilidades.

* Un conjunto de ropa interior de encaje. O solo el sujetador... Y en cuanto a lo de abajo, ya se las arreglará.

Las recetas del domingo

En París, a los ciudadanos les gusta comprar el fin de semana, para encontrar los productos frescos y lo menos procesados posible.

Aquí tenemos algunas recetas de domingo... ¡hay demasiadas cosas que hacer ese día para dedicar más de cinco minutos a la cocina!

PARA UN DOMINGO DE PRIMAVERA / ESPÁRRAGOS AL PARMESANO

Unos bonitos espárragos (4 por persona)
aceite de oliva
parmesano recién rallado
zumo de un limón (opcional)
sal y pimienta recién molidas

Preparación: 5 m
Cocción: 15 m

- Precalentar el horno a 220 ºC.
- Limpiar los espárragos y cortar la parte de abajo del tallo. Disponerlos encima de un papel de aluminio y salpicarlos con el aceite. Dejar cocer 15 m a fuego fuerte. Absorber el aceite con papel. Echar zumo de limón (opcional) y salpicar con el parmesano a daditos. Añadir sal y pimienta recién molida. Servir tibios.

PARA UN DOMINGO DE VERANO / CAVIAR DE BERENJENAS

Servir como aperitivo o para acompañar un plato de carne.

Aceite de oliva
2 berenjenas hermosas
½ chalota picada
2 cucharadas soperas de zumo de limón
½ cucharadilla de sal
Pimienta (cuatro golpes de molinillo)

Para 4 personas
Preparación: 5 m
cocción: 25 m

· Precalentar el horno a 210 ºC (termostato 7).

· Poner las berenjenas enteras, solo lavadas, sobre una placa aceitada. Cocerlas durante unos 25 minutos, hasta que estén tiernas.

· Retirar las berenjenas del horno y dejarlas enfriar.

· Quitar la carne de las berenjenas con la ayuda de una cucharilla, y ponerla en un cuenco con media chalota. Añadir aceite y limón y triturar. Debe quedar un puré untuoso, y las berenjenas tienen que haber absorbido todo el aceite de oliva. Salpimentar.

PARA UN DOMINGO DE OTOÑO / MANZANAS AL HORNO

Servir tibio como postre, con helado o con crema inglesa.

1 manzana por persona, con preferencia de tipo reineta, Canadá o Belle de Boscop

Preparación: 5 m
Cocción: 25 m

- Precalentar el horno a 200 ºC.
- Lavar las manzanas, hacer un pequeño hueco en el centro de cada una y meterlas en el horno sobre una placa con un fondo de agua. Llenar los huecos con zumo de limón y miel. Cuando la piel de las manzanas se agriete y la carne desborde, sacarlas del horno, echarles enseguida un poquito de azúcar en polvo para que se caramelice y servirlas. (Cocción de unos 25-30 minutos, según el tamaño de las manzanas.)

PARA UN DOMINGO DE INVIERNO /
SOPA DE ZANAHORIAS Y GUISANTES

Un tarro de zanahorias y guisantes en conserva para dos
wasabi

Preparación: 5 m
Cocción: 10 m

- Separar las zanahorias y los guisantes. Reducir las zanahorias a puré.
- Mezclar los guisantes con el agua del tarro para hacer una sopa.
- Calentar las dos cosas, sopa y puré, separadamente.
- Echar el puré de zanahoria en una ensaladera grande y poco profunda, formando una isla.
- A continuación echar la sopa de guisantes a su alrededor.
- Formar bolitas pequeñas con wasabi, como si fueran guisantes, y colocarlas en el borde de la ensaladera.

Secretos de nuestro campo

Uno no olvida de dónde viene. París, tierra de exilio y de providencia, es una ciudad de mezclas. Si nos remontamos en su árbol genealógico, la mayoría de los parisinos son originarios de algún otro lugar. Afloran perfumes de campiña bretona u oranesa, ecos de gentes del lejano oriente, o del África negra, fruto de todas las inmigraciones sucesivas, que constituyen su gran riqueza.

Sus familias les han legado, de generación en generación, secretos que se murmuran al oído. Ya sean consejos de belleza, de cocina o de cuidados domésticos, a la parisina le encanta aplicar esos «trucos» de los campesinos, que le recuerdan que no es solo una flor de asfalto.

* No se tira nunca el café a la basura, sino al fregadero. Desengrasa las tuberías y se lleva los malos olores.

* Un poco de aspirina en el agua hace que las rosas vivan más tiempo.

* Zapatos nuevos que resbalan... los profesionales de la pasarela cortan la suela con un cuchillo. Pero frotarlos con la mitad de una patata funciona también.

* Para que brille el pelo: medio vaso de vinagre blanco en el agua del último aclarado.

* Piel, cabello, uñas... a todos les gusta la cerveza. No el alcohol, no, que hincha el estómago. Es más bien la levadura de la cerveza, que se echa en las ensaladas, carnes, legumbres... y que sustituye a la sal.

* Ron y miel, dos yemas de huevo y el zumo de un limón: no es la receta de un pastel, sino una mascarilla para el pelo.

* Hay que tener una piedra pómez en el baño para limar los pies una vez por semana como mínimo, así siempre estarán suaves.

* En la farmacia, se compra por casi nada un aceite de almendras dulces (en la sección de bebés). Si lo pruebas ya no lo dejarás nunca: hidrata la piel del cuerpo, de las manos. Se usa sin parar.

* Después de la ducha, un chorro de agua fría en los pechos.

* En la cocina, después de exprimir un limón, se frota por las uñas antes de echarlo a la basura: así se endurecen y se blanquean.

* Una vez por semana, lávate los dientes con bicarbonato de sodio. Efecto blanqueante garantizado.

* Los periódicos son los mejores trapos para limpiar las baldosas. Más ecológico que el papel de cocina.

* Por la mañana, sustituye el pan por biscotes. Y para que no se rompan al extender la mantequilla, colócalos apilados uno encima de otro.

CUANDO VES ESTAS PELÍCULAS, ESTÁS EN PARÍS

Según tu humor

Si quieres verificar que los franceses no hablan más que de culos (incluso con sus padres) y recorrer la capital con un americano al borde de la ruptura con su novia parisina, tienes que ver ***Dos días en París***, de Julie Delpy. Sí, las parisinas están todas locas. (¿Hasta ese punto?)

Habrás visto cuarenta veces ***Un americano en París***, de Vincente Minnelli, porque te encantan las comedias musicales. Aquí tienes una que sigue los vagabundeos amorosos de los jóvenes de hoy en día. Que se te caiga la baba ante el bello Louis Garrel en ***Las canciones de amor***, de Christophe Honoré.

Déjate seducir por aquel París en blanco y negro después de Mayo del 68, donde el asunto más importante, después de la política, claro está, era el amor. Sus meandros, sus crisis, sus alegrías. Reencuentros y separaciones para ***Los amantes habituales***, de Philippe Garrel.

Estás enamorada de un colega de trabajo... pero no de uno cualquiera. No solamente es tu becario, sino que además sale de la cárcel. Evidentemente, en París ningún amor es imposible. **Lee mis labios**, de Jacques Audiard.

Si quieres acompañar a una banda de chicos de instituto de unos quince años, vivir las disputas, traiciones, drogas y el fin de los ideales setenteros... únete a **El peligro juvenil**, de Cédric Klapisch. Todos hemos estado enamorados de nuestro profe de inglés; ellos también.

Sigue el trayecto de un escritor, seductor y parlanchín, que decide convertir su vida en una novela. En los cafés-brasseries llenos de humo de París, elige su presa, una joven llamada **La discreta**, de Christian Vincent. Una delicia de perversidad literaria y cinematográfica.

Te enamorarás de esos dos hermanos, magníficos perdedores, hermosos parlanchines y fiesteros, que son el prototipo mismo del macho parisino: irresistible, huidizo... Sí, vivimos en **Un mundo sin piedad**, de Éric Rochant.

Evidentemente, la más parisina de las actrices francesas es Catherine Deneuve. Si quieres conocer un capítulo oscuro de la historia de París, ocupada por los alemanes durante la Segunda Guerra Mundial, no te pierdas **El último metro**, de François Truffaut.

Para reírse tiernamente del «espíritu francés» en todo su esplendor, con hombres que aman a las mujeres que aman a hombres que engañan a sus mujeres, y de paso, descubrir la Place de la Concorde y el distrito 16 de París en los años setenta, te hace falta *Un elefante se equivoca enorme-mente*, de Yves Robert. Vintage.

Si estás pensativa ante tu frigorífico vacío y la poca mantequilla que queda, baila *El último tango en París*, de Bernardo Bertolucci (solamente si eres mayor de edad y estás vacunada). Con Marlon Brando, el amor físico no tiene un final feliz.

Si estás dividida entre tu marido y tu amante, como Romy Schneider, procura que ambos se hagan amigos. *César et Rosalie*, de Claude Sautet, una cierta idea del *ménage à trois* a la francesa...

¿Quién se enamora de la americana Jean Seberg al verla vender el *Herald Tribune* en los Campos Elíseos? Para saberlo, tienes que ver *Al final de la escapada*, de Jean-Luc Godard... y de paso, ves la película más importante de la famosa Nouvelle Vague.

Si te imaginas a veces caminando sola por las calles de París con un traje perfectamente cortado, si te gusta la ciudad por la noche, con sus adoquines relucientes y sus farolas amarillas, si vibras con la música de Miles Davis, si tienes un amante que acaba de hacer una tontería enorme, es que eres Jeanne Moreau, dirigida por Louis Malle en *Ascensor para el cadalso*.

Quieres explorar el París de mala fama de la década de 1930: déjate guiar a través de los meandros del canal Saint-Martin y su *Hôtel du Nord*, de Marcel Carné. Prepara los pañuelos para este clásico en blanco y negro.

_Do you know **WHO** that is?

_**OBVIOUSLY.**

_**S**he's **GORGEOUS** Don't you think?

_**YES AND SHE KNOWS IT.**

—¿Sabes quién es esa...?
—Pues claro...

—Es guapísima, ¿no?
—Sí, y lo sabe...

She's an
ACTRESS
AN *OUT OF WORK*
ACTRESS.
I'm invited
to her PARTY
on saturday night.
OH...
Can I come?

Es actriz.
En paro.

—Estoy invitada el sábado a su fiesta.
—¿Puedo ir?

«Cuando se trabaja para complacer a los demás no se puede tener éxito, pero las cosas que se hacen para contentarse a sí mismo siempre tienen la posibilidad de interesar a alguien.»

—MARCEL PROUST, *PASTICHES ET MÉLANGES*

LO QUE TENEMOS EN COMÚN

PALABRAS FRANCESAS UNIVERSALES

adieu ✻ à la carte ✻ à la mode ✻ à propos ✻ Art Déco ✻
au naturel ✻ avant-garde ✻ bon appétit ✻ bourgeois ✻
carte blanche ✻ c'est la vie ✻ chaud-froid ✻ cherchez la
femme ✻ chic ✻ cliché ✻ coquette ✻ coup de
foudre ✻ crème brûlée ✻ crème de la crème ✻ cuisine
✻ cul de sac ✻ débutante ✻ décolleté ✻ encore ✻ ennui ✻
faux pas ✻ femme fatale ✻ fiancé/fiancée ✻ film noir
✻ foie gras ✻ haute couture ✻ hors d'oeuvre ✻ je ne sais
quoi ✻ joie de vivre ✻ lingerie ✻ Mardi Gras ✻ ménage à
trois ✻ négligée ✻ nouvelle vague ✻ Oh là là! ✻ papier-
mâché ✻ petite ✻ prêt-à-porter ✻ protégée ✻ raison d'être ✻
rendezvous ✻ RSVP ✻ sabotage ✻ sangfroid ✻ sans ✻ savoir
faire ✻ savoir-vivre ✻ souvenir ✻ tête-à-tête ✻ touché ✻ tour de
force ✻ trompe l'oeil ✻ vis-à-vis ✻ voilà ✻ Voulez-vous coucher
avec moi ce soir? ✻

Quince palabras necesarias

AAAAA

Al parisino (y en general al francés) le encantan alimentos aparentemente desagradables, que se parecen en concreto a cosas que el pudor nos impide nombrar aquí. La *andouillette* es un ejemplo perfecto. Fabricada a base del tubo digestivo del cerdo, lo cual constituye su «piel», parece una salchicha muy gorda. Es una mezcla de ternera y cerdo, condimentada con especias y vino. Manjar delicioso, viene precedida, en los menús de los restaurantes, de la mención AAAAA, que significa Association Amicale des Amateurs d'Andouillette Authentique. Lanzaos a por ella con los ojos cerrados, abrid bien la boca, no lo lamentaréis.

LA BISE

Los franceses se dan *«la bise»* para saludarse al llegar y al despedirse. Es lo mismo que decir que se dan un beso, pero no de cualquier manera. Para *«se faire la bise»* correctamente es necesario que las dos personas aproximen sus mejillas la una a la otra, haciendo en el aire un ruido de beso con la boca. Después, lo mismo al otro lado. Según las regiones francesas, el número de besos cambia. Si la gente del sur de Francia se da cuatro besos, los bretones se paran en los tres. En París, jamás más de dos besos. Sobre todo, nunca intentar dar un abrazo a un parisino. Si esta tradición acerca nuestras caras entre sí, mantiene nuestros cuerpos apartados.

LIBRETA

Las parisinas no llevan diarios íntimos, ni confían a un amigo imaginario sus pensamientos personales. Saben que los diarios acaban por ser leídos siempre por la persona que no tendría que leerlos. No hay que dejar rastro nunca. Por el contrario, las parisinas siempre llevan una libreta en el bolso, preferentemente una Moleskine negra, en la cual anotan sin cesar todo tipo de cosas. Pensamientos que les pasan por la cabeza, una cita de un libro que les ha gustado, la lista de cosas que hacer, sus palabras preferidas, la letra de una canción cuyo sentido quieren verificar, el número de móvil de un hombre al que han conocido en un café, el sueño de aquella mañana, que han recordado de repente...

CAMEMBERT

Es un tópico, pero es verdad: todos los parisinos comen queso. A cualquier hora. A algunos les gusta comerse un trocito de gruyère para empezar la jornada, a otros una rebanada de pan con queso de cabra para llenar ese hueco de las cuatro, y otros consideran que un camembert *coulant* con una copita de vino tinto es un tentempié perfecto al volver de la discoteca. Pero cuidado: el queso es un arte, en particular el camembert. Se compra preferentemente en una quesería. Pero los parisinos más esnob harán lo siguiente: comprar la tabla de quesos en el mejor quesero de París salvo el camembert, que comprarán en el supermercado y será de la marca Le Petit. El camembert se come *coulant*, es decir, con el corazón goteando de la corteza. Todo aspecto «reseco» será rechazado de entrada.

PROVINCIAS

Francia se divide en dos categorías, París y provincias. ¿Y qué es eso de «provincias»? Pues todo lo que no es París.

PISCINE

Los parisinos beben champán a menudo. Saben que esa bebida ácida y con burbujitas es el enemigo de los acontecimientos mundanos: asociada a los tentempiés que se comen a toda prisa para calmar el hambre, el champán produce un aliento que se llama «de alcantarilla». Los parisinos han inventado, por tanto, el concepto de «la piscina», que consiste en echar cubitos de hielo en la copa de champán. Eso limita la acidez de estómago y el olor de las lenguas ásperas. Guinda sobre el pastel, esa bebida es considerada un sacrilegio por la mayoría de las personas «normales», y por lo tanto cuadra muy bien con el esnobismo de los habitantes de París, a los que les gusta distinguirse por sus malos modos.

VINO TINTO

No hay un solo francés que no beba vino tinto. Pero claro, los parisinos tienen su manera especial de hacerlo, muy parisina. En primer lugar, decidir cuál es su vino favorito. Eso es muy importante. Hay que poder afirmar: «Yo no bebo más que Burdeos, Saint-Émilion preferentemente». O bien: «¡Jamás beberé un Côte du Rhône!». Tampoco hay que ceder nunca a las maneras llamadas de «cata» (dar la vuelta al vino en la copa, olerlo y después tragarlo introduciendo la nariz en la copa, seguido de ruidos de succión como si estuvierais a punto de lavaros los dientes). Los parisinos consideran que ya han nacido con «nariz» y «paladar», y por tanto no tienen necesidad de añadir nada para jugar a ser especialistas.

SÁBADO POR LA TARDE

Los verdaderos parisinos no salen el sábado por la noche. Esa noche, los restaurantes y discotecas de la capital se dejan a los provincianos con ganas de juerga y a los estudiantes. Ningún acontecimiento importante se organizará jamás ese día, así que no os inquietéis, porque no os perderéis nada. El sábado por la noche los parisinos se quedan en su casa para cenar «en petit comité». Una vez al mes, lo consagran a una actividad cultural: teatro, ópera, museo nocturno, un clásico en blanco y negro restaurado en una vieja sala de cine. Es impensable organizar una «fiesta» en tu casa un sábado por la noche (salvo que ese sea el día exacto de tu cumpleaños).

PSICOANALISTA

La mayor parte de los parisinos visitan a un «psicoanalista» y pueden tener discusiones muy largas a ese respecto. Los que no van están «radicalmente en contra» y creen que la desaparición de sus síntomas neuróticos puede perjudicar a su genio creativo. Todos tienen una opinión muy concreta sobre el tema. Es decir: ¿hay que acudir a un hombre o a una mujer, según si uno es hombre o mujer? ¿Hay que visitar a un lacaniano, un freudiano o un junguiano? ¿Hay que pagar o no las sesiones a las que no se asiste o que caen en festivo? Pero por el contrario, los parisinos no os contarán jamás los temas de su análisis (igual que no os contarán sus sueños) considerando que no hay que hablar demasiado de uno mismo (es una falta de buen gusto).

TOMAR UN VINO

A los parisinos les encanta «tomar un vino», que es la misma actividad que «tomar un café» pero a partir de las 18 horas. París es una ciudad llena de bistrots y de terrazas, donde se pasan horas y horas charlando. Por lo tanto, proponer a alguien «tomar un vino» es invitarlo muy formalmente a quedarse un rato por ahí bebiendo alcohol. Es una ocasión sin ocasión, que dura entre una y dos horas, durante la cual se abordan múltiples temas de conversación distintos, desde los más íntimos (la masturbación) hasta los más generales (la meteorología). Es muy agradable y no compromete a nada.

SUBTEXTO

Las parisinas pasan mucho tiempo analizando el «subtexto», es decir, lo que hay detrás de las palabras, detrás del pensamiento. Eso da lugar a discusiones locas sobre «pero qué quiere decir él realmente cuando dice esas palabras», o «qué quiere decir mi suegra cuando me ofrece este regalo o el otro», o «qué acto fallido hemos cometido haciendo tal o cual gesto», etc. etc. ya que las parisinas creen que leen los pensamientos de los demás mejor que nadie. Tejen y destejen durante horas hechos y gestos de su entorno, hasta el agotamiento de ese entorno....

CROISSANTS

Es otro tópico tan cierto como el camembert: las parisinas comen croissants, ese objeto comestible en forma de media luna que chorrea mantequilla y deja montones de migas en la ropa y en la cama. Los comen los domingos por la mañana, con sus hijos. Los comen el lunes por la mañana, antes de una jornada estresante de trabajo. Los comen durante las vacaciones porque si no, no son vacaciones. ¿Y cómo es posible que no les engorde? Porque han decidido que tienen derecho a comer croissants sin que nadie venga a tocarles las narices con historias de calorías. Es su pequeño placer. ¡A la mierda pues!

TEATRO

Es alucinante el número de teatros que hay en la capital francesa. Todas las noches, cientos e incluso miles de parisinos se encierran en salas con iluminación rojiza y asientos incómodos, ya sea para escuchar grandes clásicos de la Comédie Française o a un nuevo humorista en una sala minúscula al norte de París. Como muchas grandes ciudades, París rebosa de cómicos que vienen a tentar la suerte. Así, todo el mundo, al menos un par o tres de veces al año, tiene un amigo que le impone su última creación en un sótano de las afueras, una verdadera pesadilla.

En cuanto a los parisinos de mayor edad, se abonan a los grandes teatros públicos para asistir a las últimas piezas contemporáneas. Incluso en ese detalle se nota que eres viejo, aquí.

MERCADO

Cada barrio de París tiene su «mercado». Determinados mercados son callejeros, otros son cubiertos, pero la mayor parte de los mercados se celebran dos días por semana, al aire libre, en alguna plaza. Los parisinos adoran ir al mercado. Encuentran allí verduras que todavía tienen un poco de tierra y caracoles en la ensalada. Les encanta hablar con los agricultores y demostrar que son «habituales». Según los distritos, los mercados de París son o bien carísimos, o bien especialmente baratos. Hay que ir al mercado con ropa «informal», con una cesta al hombro o un carrito de la compra de abuela del cual sobresale la baguette. Algunos mercados tienen sus propias especialidades. Allí también nos encontramos con gente del barrio y «tomamos un vino» con ellos, en plan rápido, antes de ir a preparar el desayuno. El mercado es un momento muy alegre, que recuerda a todo el mundo su infancia.

PLOUC

Es un término que designa toda actitud considerada como «común», «sin encanto», incluso «vulgar», desde el punto de vista de un parisino. No es cuestión de distinción ni de clase social: la primera dama de Francia puede ser considerada *plouc* si por ejemplo se dirige a su marido en público llamándolo por el apellido.

LIBRETA DE DIRECCIONES

Vivir su ciudad es en primer lugar conocerse a uno mismo. Es decir, saber cuáles son nuestras necesidades, deseos y problemas. Para poder responder a ellos, a continuación.

Cada lugar tiene su función, uno no lleva a merendar al mismo sitio a su tía abuela que a su amante.

Tú también puedes encontrar:

* TU REFUGIO INESPERADO

Un lugar curioso, un poco extraño, por donde paseas cuando tienes la necesidad de olvidar la pesadez de lo cotidiano. Un viaje en el tiempo.

Galerie de Paléontologie et d'Anatomie Comparée
Rue Buffon 2, 75005 París
Museo

* A ÚLTIMA HORA DE LA NOCHE

Este restaurante abierto a todas horas. Los cómicos van allí cuando salen de escena, los enamorados van a reponer fuerzas en medio de la noche, es mítico y anticuado.

A la Cloche d'or
Rue Mansart 3, 75009 París
www.alaclochedor.com
Restaurante

✳ UN LUGAR EN PENUMBRA

Para que florezca el primer beso, no hay nada mejor que la penumbra de un acuario gigante.

L'Aquarium de Paris
Avenue Albert de Mun 5, 75016 París
www.cineaqua.com
Acuario

✳ TU SALA DE REUNIONES

Un salón de té japonés neutro y chic para organizar una cita de trabajo en el último momento.

Toraya-Salon de Thé
Rue de Saint-Florentin 10, 75001 París
Restaurante/Salón de té

✳ PASEO POR LA CIUDAD

Conocer, en un lugar de la ciudad, algún rincón lleno de historia. Puedes organizar un picnic cuando hace buen tiempo, o un paseo romántico.

Les Arènes de Lutèce
Rue Monge 47–59, 75005 París
Monumento

* ROPA DE PARISINA

La tienda donde las camisas, vestidos y chaquetas te transforman inmediatamente en parisina nativa. Indefinible, chic y poética.

Thomsen-Paris
Rue de Turenne 98, 75003 París
www.thomsen-paris.com
Moda

* COCINA FAMILIAR

Un lugar donde recuperar la cocina de las abuelas. Desde hace veinte años, uno de los secretos mejor guardados de París: verduras asadas a la antigua, pescado cocido al vapor y merengues tradicionales. Comer allí es recibir una lección de buen gusto.

Pétrelle
Rue Pétrelle 34, 75009 París
www.petrelle.fr
Restaurante

* PLANTAS MEDICINALES

Si tienes que esperar varias semanas para obtener una cita en tu naturópata, es el momento de ir a esta tienda. La consulta es rápida, eficaz y gratuita. Para estar mejor con una selección personalizada de plantas depurativas, antioxidantes y estimulantes.

Herboristerie du Palais Royal, Michel Pierre
Rue des Petits Champs 11, 75001 París
www.herboristerie.com
Bienestar

✳ CUMPLEAÑOS

Porque está prohibido culpabilizarse con los niños (nuestra madre jamás pasó seis horas en la cocina para hacer nuestro pastel de cumpleaños, si recordamos bien). Bastará con hacer un pedido para seducir a todo el mundo con unas obras culinarias sorprendentes.

Chez Bogato
Rue Liancourt 7, 75014 París
www.chezbogato.fr
Pastelería

✳ CUADROS

Un cuadro delante del cual te citas con un hombre, para que comprenda tus intenciones profundas. Por ejemplo, *La libertad guiando al pueblo*, de Eugène Delacroix: una mujer que no tiene miedo de enseñar sus pechos.

Musée du Louvre
75001 París
louvre.fr
Museo

✳ DE BUENA MAÑANA

El sitio más bonito de la ciudad para desayunar. Siempre es bueno empezar la jornada con algo bello. Si además está al lado de una estación, no se sabe nunca, igual podrías escaparte....

Le Train Bleu
Estación de Lyon
Place Louis-Armand, 75012 París
le-train-bleu.com
Restaurante

* EL ORIGEN DEL MUNDO

Un lugar en forma de triángulo, porque es muy erótico besarse en un sitio que se parece a un sexo de mujer.

Place Dauphine, 75001 París
Monumento

* NOCHE COSMOPOLITA

Un restaurante de hotel donde cenar agradablemente por la noche... y quizá hacer amigos, si el chico te aburre.

Hôtel Amour
Rue Navarin 8, 75009 París
hotelamourparis.fr
Hotel

* EL HOTEL CON MAYÚSCULA

Un hotel de lujo anidado en el corazón de Montmartre donde comer con discreción al mediodía.

L'Hôtel Particulier
Avenue Junot 23, 75018 París
hotel-particulier-montmarte.com
Hotel

* PARÍS BLUES

Un bar de Palace donde beber una cerveza con tu mejor amiga que tiene problemas amorosos... a falta de alquilar una habitación, puedes ofrecerle ese lujo revigorizante.

English Bar at the Hôtel Raphaël
Avenue Kléber 17, 75116 París
Bar de hotel

✳ LA OFICINA MÁS BELLA DE TODA LA CIUDAD

Una biblioteca histórica donde pasar todo el día revisando tus exámenes, escribiendo o inspirándote.

Bibliothèque Mazarine
Quai de Conti 23, 75006 Paris
bibliotheque-mazarine.fr
Biblioteca

✳ COMO UNA POSTAL

Una pastelería de barrio donde se puede comer al momento cocina familiar o tomar un buen chocolate caliente. Allí te cruzas con estudiantes y sus profesores de la Sorbona.

Pâtisserie Viennoise
Rue de l'École de Médecine 8, 75006 París
Bistrot/Café

✳ UN JARDÍN EN LA CIUDAD

Para tomar un té con tu madre o con tu mejor amiga. El jardín es tan bonito que podréis pasar por heroínas de Jane Austen.

Musée de la Vie Romantique
Rue Chaptal 16, 75009 París
Museo/Salón de té

✳ DE RESACA

Tu refugio, al día siguiente de una fiesta, para comerte un buen cheeseburger y recuperarte con un Bloody Mary.

Joe Allen
Rue Pierre Lescot 30, 75001 París
Restaurante

* CINEMA PARADISO

La pequeña sala de cine donde te encuentras como en tu propia casa, especialmente los domingos por la noche para ir a ver viejas películas italianas.

Le Reflet Médicis
Rue Champollion 3, 75005 París
Cine

* REGALOS PERFECTOS

Si te faltan tiempo e ideas, una lista de lugares donde siempre encontrarás un regalo que te guste. Por grupos de precios, desde el más accesible al más lujoso.

colette
Rue Saint-Honoré 213, 75001 París
Concept Store

La Boutique de Louise
Rue du Dragon 32, 75006 París
Joyas/Decoración

L'Ecume des Pages
Boulevard Saint-Germain 174, 75006 París
Librería

Cire Trudon
Rue de Seine 78, 75006 París
Velas

7 L
Rue de Lille 7, 75007 París
Libros bonitos

Merci
Boulevard Beaumarchais 111, 75003 París
Concept Store

Astier de Villatte
Rue Saint-Honoré 173, 75001 París
Decoración

✳ FIN DE SEMANA VINTAGE

Aunque vuelvas con las manos vacías, tendrás la satisfacción de haber viajado un poco en el tiempo. Y también de haber dado una buena caminata, a fuerza de buscar.

Marché aux Puces de Clignancourt
Porte de Clignancourt, 75018 París
Mercado de viejo

✳ CENA IMPROVISADA

Local de comidas preparadas abierto hasta tarde para las noches y los fines de semana, donde encontrar buen vino, queso, huevos frescos, charcutería y pralinés hechos en casa. En resumen, con qué invitar a los amigos a cenar en el último momento.

Julhès
Rue du Faubourg Saint-Denis 54, 75010 París
Comestibles – comidas preparadas

✳ CUARTEL GENERAL

Un lugar que sea un anexo de tu salón y tu oficina a la vez. Todo eso en un café. Tuteas al propietario, conectas tu ordenador, te bebes una limonada y le pides que baje la música... Evidentemente, la cocina es familiar y perfecta.

Restaurant Marcel
Villa Léandre 1, 75018 París
Café/Bistrot

✱ ASUNTO REAL

Una terraza que te hace sentir como una reina. Cierto que pagas un poco más por el café que en otros sitios, pero la vista es única en el mundo… y eso no tiene precio.

Le Café Marly
Rue de Rivoli 93, 75001 París
Café restaurante

✱ A LA AVENTURA

Un bar «dirty» donde todo es posible: la atmósfera sube en grados centígrados desde que pasas la escalinata, y los pequeños rincones hacen volar la imaginación.

L'Embuscade
Rue de la Rochefoucauld 47, 75009 París
Bar restaurante

✱ MADALENA DE PROUST

Para volver a la infancia y descubrir las mejores tartas y pasteles de París. Dulce y salado.

Tarterie Les Petits Mitrons
Rue Lepic 26, 75018 París
Pastelería

✱ DOMINGO EN SAINT-OUEN

Después de haber ido en busca de objetos vintage (ropa, discos antiguos y muebles) al mejor mercado de viejo de París, pasar un momento por este restaurante para comer mejillones fritos y escuchar a un grupo de jazz bohemio.

La Chope des Puces
Rue des Rosiers 122, 93400 Saint-Ouen
Mercado de viejo

Agradecimientos

Las autoras dan las gracias a Alix Thomsen, que está en el corazón de este libro.

Gracias a Christian Bragg, Dimitri Coste, Olivier Garros, Karl Lagerfeld, Johan Lindeberg por BLK DNM, Raphaël Lugassy, Stéphane Manel, Jean-Baptiste Mondino, Sara Nataf, Yarol Poupaud, So Me y Annemarieke Van Drimmelen por haber tenido la amabilidad de compartir su trabajo con nosotras, así como Susanna Lea, Shelley Wanger, Naja Baldwin y Françoise Gavalda.

Y también a Claire Berest, la familia Berest, Diene Berete, Bastien Bernini, Fatou Biramah, Paul-Henry Bizon, Odara Carvalho, Carole Chrétiennot (Le Café de Flore), Jeanne Damas, Julien Delajoux, Charlotte Delarue, Emmanuel Delavenne (Hôtel Amour), Emmanuelle Ducournau, Maxime Godet, Clémentine Goldszal, Camille Gorin, Sébastien Haas, Guillaume Halard, Mark Holgate, Cédric Jimenez, Gina Jimenez, Tina Ka, Nina Klein, Pei Loi Koay, Bertrand de Langeron, Magdalena Lawniczak, Françoise Lehmann, Pierre Le Ny, Téa y Peter Lundell, Ulrika Lundgren, Saif Mahdhi, la familia de Maigret, Gaëlle Mancina, Stéphane Manel, Tessa Manel, Jules Mas, Martine Mas, la familia Mas, Jean-Philippe Moreaux, Roxana Nadim, Chloé Nataf, Fatou N'Diaye, Anne Sophie Nerrant, Nicolas Nerrant, Next Management Team, Priscille d'Orgeval, Eric Pfrunder, Anton Poupaud, Yarol Poupaud, la familia Poupaud, Charlotte Poutrelle, Elsa Rakotoson, Gérard Rambert, Juliette Seydoux, Rika Magazine, Joachim Roncin, Christian de Rosnay, Xavier de Rosnay, Martine Saada, Victor Saint Macary, Sonia Sieff, David Souffan, Samantha Taylor Pickett, Pascal Teixeira, Rodrigo Teixeira, Hervé Temime, Thomsen Paris, Anna Tordjman, Emilie Urbansky, Jean Vedreine (Le Mansart), Virginie Viard, Camille Vizzavona, Aude Walker, Mathilde Warnier, Adèle Wismes, Rebecca Zlotowski.

Créditos de las ilustraciones

Audrey, Caroline, Sophie y Anne

Biografías

ANNE BEREST es autora de dos novelas y de una biografía de Françoise Sagan aparecida este mismo año. Escribe también para televisión, cine y teatro.

CAROLINE DE MAIGRET estudió literatura en la Sorbona y luego se trasladó a Nueva York para ser modelo. En 2006 volvió a París y fundó su propio sello de música. De Maigret es embajadora de Chanel desde 2012. Apoya los derechos de las mujeres con la ONG CARE, y en 2014 se convirtió en musa de Lancôme.

SOPHIE MAS nació y se crio en París. Después de sus estudios de ciencias políticas y comercio, fundó su propia productora y hoy en día trabaja entre Los Ángeles, Nueva York y São Paulo.

AUDREY DIWAN, después de estudiar periodismo y ciencias políticas, se hizo guionista. Escribió *La French* de Cédric Jimenez, con Jean Dujardin, y trabaja en su primer largometraje como realizadora. Es también directora editorial de la revista *Stylist*.